中学信息技术
教学实践与探索

王玉英 著

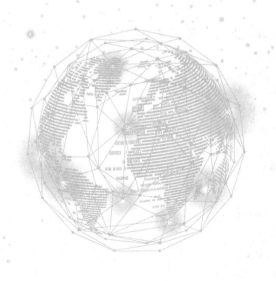

中国书籍出版社
China Book Press

图书在版编目（CIP）数据

中学信息技术教学实践与探索/王玉英著 . —北京：
中国书籍出版社，2019. 12
（中国教育探索书系）
ISBN 978－7－5068－7677－3

Ⅰ.①中…　Ⅱ.①王…　Ⅲ.①计算机课—教学研究—
中学　Ⅳ.①G633. 672

中国版本图书馆 CIP 数据核字（2019）第 287441 号

中学信息技术教学实践与探索

王玉英　著

责任编辑	毕　磊
责任印制	孙马飞　马　芝
封面设计	中联华文
出版发行	中国书籍出版社
地　　址	北京市丰台区三路居路 97 号（邮编：100073）
电　　话	（010）52257143（总编室）　　（010）52257140（发行部）
电子邮箱	eo@ chinabp. com. cn
经　　销	全国新华书店
印　　刷	三河市华东印刷有限公司
开　　本	710 毫米 ×1000 毫米　1/16
字　　数	287 千字
印　　张	16
版　　次	2019 年 12 月第 1 版　2019 年 12 月第 1 次印刷
书　　号	ISBN 978－7－5068－7677－3
定　　价	78. 00 元

序

说实话,我一直很庆幸自己过阴差阳错地在大学期间选择学习教育技术专业。一路走来,虽然也经历了多数人都经历过的"迷茫与困惑",但很庆幸自己竟然也参与了中国伟大的教育信息化发展进程。现在的教育几乎离不开计算机,但在25年前的中国教育领域,计算机教育依然仅存在于部分的高等学校和极少的高中。时光荏苒,岁月如梭。在国家领导人的高度重视与推动下,各行各业开始实施了国家信息化大战略,各类教育信息化项目的实施,有力地推动了我国教育系统的大发展。

自20世纪70年代计算机教育进入中小学,学术界一直试图为之寻求合适的定位。先贤们从新时期现代人(主要是从事科学研究,特别是计算机工作)应具备的基本素养角度,将其定位为计算机素养(Computer Literacy)。到了80年代中期,随着微型计算机的普及,越来越多的人能够利用计算机进行信息处理和信息传播,此时的教育定位则转向培养学生使用信息工具开展脑力劳动的意识,以及使用工具解决学习与生活中的各种问题。这一想法的核心是"计算机工具论"(Computer as Tool)。同一时期开始的强调"计算机辅助教学"(Computer Assisted Instruction)的思想,提出应该将计算机整合到各个学科教学中,这无疑是打响教育信息化的发令枪。而今这种思路也一直在影响着多数教育工作者。90年代以后多媒体与网络技术的发展获得了巨大的成功,教育工作者又提出新增多媒体文化、超媒体文化与网络文化等内容。恰巧在此期间,起源于图书检索能力的信息素养(Information Literacy)登上历史舞台,因其对网络信息甄别与处理具有重要的指导意义,在大学教育中得以快速普及,作为重要的教育目标也普遍获得了中小学的认可。2000年以后出台的中小学信息技术课程标准,进一步确定了信息素养作为教育目标的核心地位。

近20年来中小学信息技术教育目标是培养学生的信息素养,基本思路可以概括为培养学生的信息意识,掌握信息技能,形成信息处理和运用的能力。中小学生心智尚未发展成熟,缺少在有深度的真实问题解决中进行信息收集、筛选与处理的机会。因此,信息技术教育难以开展深度学习,教学效果一直以来都不好。虽然很多人都认可"信息意识"是信息素养教育的核心,但绝大多数教学只停留在技术与工具层面的培养。

只从工具性角度理解中小学课程设置方式,实为过于狭隘。中小学生尚未成年,对社会的理解与认知还很单纯,对自身的认识(主体化)与对社会的理解(社会化)尚需较长时间,期间会遭遇诸多挫折与挑战。经历这样的社会化过程,学生自身才能有所成长,才能获得对自我和世界有意义的理解。故此,基础教育阶段的信息技术教育也应该从关注赋予学生生命最基本的内涵出发,实现个体身心的健康发展,使其具备正常的智力、正确的审美观与世界观。从基础教育应有的教育定位来看,工具应用为主的信息素养教育严重违背基础教育应有的定位,没有使学生掌握满足未来需求的能力。

曾经编程被认为是少部分"古板"的技术人员所掌握的一种神秘技术,现在被众多教育家、计算机科学家认为是所有儿童都应具备的关键技能,一项新的读写能力。在中小学中推行编程作为促进"计算思维"的一种方式,现已成为促进数字时代学生了解计算机科学,提升推理能力、沟通与表达交流的重要手段。编程、创客与机器人等教育内容,正在成为青少年素质教育的重要组成部分。

相比10年前,我国中小学信息技术教师整体的专业化程度越来越高,大量拥有丰富计算机专业知识师资进入中小学,这在一定程度上大大提高了课程教学质量。然而随着新一轮课程改革进入全面实施阶段,摆在所有教师面前的难题不是变少了,而是更多了。中小学信息技术教育的地位在提高的同时,教学要求和难度也在不断提高。为此亟须对中小学信息技术教育成功经验进行全面的总结和客观的分析。而此类研究,一直以来都是我国信息技术学科的短板,这一问题广泛存在于我国各学段的教育之中。

《信息技术教学实践与探索》一书是王玉英老师对近30年中小学信息技术教学的经验总结。一直以来,王老师都是我由衷敬佩和尊敬的一名好老师。她在教学领域不断孜孜钻研和探索的过程,同时也为我的学术研究提供了重要的支撑。我们的合作也持续了十余年之多。王老师多年教学经验集结成书,这是一件值得庆贺的大事。而能邀请我为之撰写代序,则更深感荣幸。

为了能够较为透彻地理解本书的写作用意,准确把握王老师的教育思想,我特别邀请她到北京师范大学,为我校教育技术专业在职硕士生做了同名讲座。事实上,这些听众绝大多数都是两年前刚刚毕业回到自己家乡,担任中小学信息技术课程教学任务的新教师。他们正处在新教师发展的迷茫与困惑阶段。讲座期间,包括我在内的所有人都为王老师所折服。讲座持续了一个上午,探讨的问题包括了学科发展历史、课程新定位的理解、如何处理好课程内容多而教学时间少、如何开展教学创新、教师个人成长规划、信息技术教学研究选题等一系列问题。

相比我对信息技术教育过度"抽象"与"骨感"的理解,王老师的认识与实践则更显得"生动"与"丰满"。她对信息技术教育目标、教学内容与教学方式的探索,为广大一线教师提供了可操作性的直接经验,对于我而言也是今后开展研究的重要素材与案例。为此,我强烈推荐本书给所有信息技术教师,以及教育技术、计算机教育专业的广大科研工作者和在读学生。愿大家都能从中汲取宝贵的经验与智慧,助力自身发展。

张进宝　副教授

北京师范大学

2019 年 9 月 1 日

自　序

　　1994 年走上讲台,至今已经有 25 个年头了。在这 25 年中,我经历了中学信息技术课程由推广阶段到信息技术早期教育阶段再到中学信息技术教学大力发展阶段的变化。随着信息技术的发展、社会的进步,学习者、社会需求以及教育理念和信息技术知识体系都有了巨大的进步和改变。其中唯一不变的是我对信息技术教学工作的热爱和一颗追求新知识、不甘落后的进取之心。在我成长的路上有三个关键词不容忽视,那就是学习、研究和实践。因为热爱才会投入巨大的热情进行学习,因为有对教育事业强烈的责任心才会认真研究和开展教学。

　　我与信息技术教学的渊源从可以从开始上大学时说起。我 1991 年毕业于华北电力大学热能动力工程专业,在大学时学过一门计算机程序设计语言 Fortran,它是世界上最早出现的计算机高级程序设计语言,Fortran 语言以其特有的功能在数值、科学和工程计算领域发挥着重要作用。记得当时上机是在一个专业机房中,我们需要换鞋才能进入操作,操作的是一台台终端,而主机在更里面的屋子里,体积巨大。每隔一周老师就会安排我们进行上机操作,我很期待这样的日子,看着一行行代码经过运行得到自己想要的结果,感叹计算机真是太神奇了,这门课我获得了 93 分的好成绩。

　　在一些机缘巧合下,我于 1994 年被调入北京市大望路中学担任职高教师负责相关专业课教学,后来承担了计算机课程的教学。当时这个课是第一次在职高开设,没有现成的教材,教学内容有 DOS 操作系统、五笔打字,后来又增加了 Window 3.2 操作系统以及 Word、Excel、PowerPoint 等,当时版本是 Office 3.0。我一边自学、一边教学,还自学 Foxbase 数据库系统,通过了 Foxbase 的计算机等级考试,获得了二级证书。后来为了普及计算机的操作和应用,北京市还规定所有教师都要通过 4 种计算机模块考试,包括 Windows 3.2 操作系统和三种 Office 办公软件的基本操作,我为全校教师做了辅导。随后,我还教电脑美术专业的学生学习了PhotoShop 的基本操作和 Freehand 软件的使用。

我深感随着计算机发展的速度越来越快,自己的专业知识越发缺乏,为了系统掌握计算机的相关知识,我于2000年考取了北京教育学院计算机教育专业的二学历学习机会,用了两年的周末时间进行了学习。在这两年的学习中,我经历了计算机专业的培训,学过的专业课包括《VB程序设计》《离散数学》《数据结构》《C语言程序设计》《计算机硬件系统》等,这个阶段的学习为我打下了坚实的专业基础。

教育部2000年11月14日颁布了《教育部关于在中小学普及信息技术教育的通知》(教基〔2000〕34号),并印发了《中小学信息技术课程指导纲要(试行)》(教基〔2000〕35号)(以下简称《纲要》)。计算机课程名称正式由"计算机课"改为定位更加准确、内容更为宽泛、更为国际化的"信息技术课程"。《纲要》明确指出中小学信息技术课程的主要任务是:培养学生对信息技术的兴趣和意识,让学生了解和掌握信息技术基本知识和技能,了解信息技术的发展及其应用对人类日常生活和科学技术的深刻影响。通过信息技术课程使学生具有获取信息、传输信息、处理信息和应用信息的能力,教育学生正确认识和理解与信息技术相关的文化伦理和社会等的问题,负责任地使用信息技术;培养学生良好的信息素养,把信息技术作为支持终身学习和合作学习的手段,为适应信息社会的学习、工作和生活打下必要的基础。《纲要》中还明确了从小学到初中、高中阶段的教学目标以及教学内容安排。我于2000年10月调入北京市日坛中学,这个阶段我负责初中的信息技术教学,根据《中小学信息技术课程指导纲要(试行)》以及2003年出版的普通高中信息技术课程标准,当时初中信息技术教学内容有信息技术简介、操作系统简介、文字处理的基本方法、电子表格的基本操作方法、网络基础及其应用、用计算机制作多媒体作品、计算机硬件系统、网页制作等。随着技术的发展和动画的风行,教学内容中又增加了PhotoShop图片处理和Flash动画制作的内容,用的教材是朝阳区自编教材。可以看出,这个阶段是工具应用阶段,在教学中注重工具软件的使用,在工具软件的使用过程中注重学生的信息素养提高。这个时期,我感觉自己的教学处于一个瓶颈阶段,对于软件工具的教学感觉力不从心,也产生了一系列的困惑:我们所教的Photoshop与Flash动画知识与美术教师所教的是怎样一个关系?信息技术课到底应该教什么?怎么教?

带着这些困惑,我于2003年考取了北京师范大学教育技术专业的教育硕士,经过两年的在职学习,我全面接触了教育技术专业的相关理论、方法。学习的专业课包括:《教学设计》《学习与教学的基本理论》《教育技术学导论》《远程教育学基础》《教育技术研究方法》《教育测量与教学评价》《课程论》《信息技术与教育》《计算机与网络的教育应用》《研究性学习》等。为我们上课的十几位教师都"身怀绝技",他们是真正的学者和教学研究者,这其中包括我的导师黄荣怀老师,还有当时黄老师实验室的博士生周跃良、沙景荣、张进宝等,他们从学术研究上给予了我很大的帮助,我还从他们身上看到了对教育事业的热爱以及严谨治学的精神,这些都激励我主动探究教学规律,深入进行教学研究。经过两年的系统学习,我顺利拿到了教育硕士学位。

在教学实践中,我在关注全体学生的同时,也注意引导学有余力的学生参加与信息技术相关的竞赛,带领学生获得了很多与科技相关的奖项。从 2005 年我开始组建我校信息学奥赛参赛队伍,为学生开设了信息学奥赛校本选修课和课外活动。当时用的是 Pascal 语言,我边学边教,可以说付出了几乎所有的业余时间,一个算法的理解可能要花上一周的时间,我坚持下来了,所带的学生每年都在全国及北京市青少年信息学奥赛中获奖。在这个阶段中,我的专业素养和教学水平有了很大的提升。

另外,根据学校教学需要,这期间我除了教初中信息技术课程外,还为学生开设了研究性学习课程,进行了课程整合的实践研究。

从 2011 年起,我开始教高中的信息技术课程,此时,距 2003 年普通高中信息技术课程标准颁布已经有 8 年的时间了,我们朝阳区用的教材是中国地图出版社出版的高中信息技术教材,包括一本必修、六本选修。我发现必修中的内容很多在选修中才有具体的体现。因此,根据我校学生的实际情况,一方面我大胆地进行了教学内容的整合;另一方面加强了程序设计语言的教学,引领学生将信息技术与数学学科整合,重点学习了 VB 程序设计与算法,加强了信息技术学科的专业性,巩固了其学科地位。为了提高教学效率,我在课堂上引入微课视频教学,这起到了事半功倍的作用。

在中学信息技术教育大力发展的今天,2017 版《普通高中信息技术课程标准》已经颁布,信息技术学科的核心素养:信息意识、计算思维、数字化学习与创新、信息社会责任已经成为中学信息技术学科的教学目标,其中对学生计算思维的培养无疑是其中的重中之重。面对新形势和信息技术快速发展的新局面,与实际生活联系紧密的问题解决、项目式教学势必成为中学信息技术研究和实践的核心,我在这方面进行了一定的探索和研究,在这本书中会有所呈现。

学习、研究、实践是我多年来从事中学信息技术教学的关键词,学习是一个信息技术教师必备的基本素质,只有不断学习才能顺应信息技术的发展,站在时代最前沿,才能为学生提供最新的教学内容,才能最大程度上站在学生的角度思考问题,进行科学合理的教学设计,从而获得更好的教学效果。当然,作为教师,只具备学习的能力是远远不够的,还要具备教学研究的素质,充分研究学生、了解学生,深入研究教学,才能做好教学工作。作为信息技术教师,在教学中要精准把握教学目标,根据教学目标组织重构教学内容,再依据教学内容与学生特点为学生提供适当的学习资源,选择合适的教学方式,为学生创设良好的学习环境,关注所有学生,创设有内容、有思想、有思考的信息技术课堂教学。

　　本书中我把自己多年来教学研究实践的过程呈现给大家,如果对读者有一点启发就是我最大的快乐。

　　本书在成书的过程中,得到了北京师范大学张进宝教授、北京市日坛中学数学特级教师王树文老师、数学特级教师童嘉森老师的大力支持和帮助,在此一并表示感谢。

目 录
CONTENTS

第一篇 学科核心素养培养篇

　　教学目标是教学的灵魂，偏离了教学目标的教学好比无源之水、无本之木。学科核心素养是学科价值的集中体现，是学生通过学科学习逐步形成的正确观念、必备品格和关键能力。学科核心素养是三维目标的整合和提升，在制订教学目标时我们要以学科核心素养的培养为依据。

　　中学信息技术学科的教学目标是随着时代的发展而发展的。20 世纪 80 年代初，教育部决定在 5 所大学附中进行计算机选修课实验，产生了第一个以程序设计为主的试验性教学大纲，由此开始了中国中小学计算机教育。1984 年 2 月，邓小平同志在上海观看两位少先队员进行电子计算机表演时说："计算机的普及要从娃娃抓起。"这一句话具有很强的政策指导意义。1986 年第三次全国计算机教育工作会议召开后，原国家教委颁发了第二个试验教学大纲，教学内容增加了文字处理、电子表格和数据库等应用软件，开课年级向初中发展，选修课名称改为"计算机课"。1994 年原国家教委颁发《中小学计算机课程指导纲要（试行）》，同年 9 月，确定了 18 所中学作为第一批全国中小学计算机教育实验学校，逐步建立中国特色的计算机教育体系。2000 年 10 月，教育部召开全国中小学信息技术教育工作会议，颁发了《中小学信息技术课程指导纲要（试行）》《关于中小学普及信息技术的通知》等三个重要文件。课程名称正式改成定位更加准确、内容更为宽泛、更为国际化的"信息技术课程"。会后还决定从 2001 年开始用 5～10 年的时间，在中小学普及信息技术教育。中小学信息技术课程的主要任务是，培养学生对信息技术的兴趣和意识，让学生了解和学习信息技术基本知识和技能，了解信息技术的发展及其应用对人类日常生活和科学技术的深刻影响。

2003 年 4 月，教育部颁布《普通高中技术课程标准（实验）》，其中包括高中信息技术课程标准，正式将信息技术课程确立为国家规定的高中必修课程，并对高中信息技术课的课程理念、课程设计思路、课程目标、模块设置与内容标准等方面进行了规定和描述。其中对于课程目标是这样描述的：普通高中信息技术课程的总目标是提升学生的信息素养。学生的信息素养表现在：对信息的获取、加工、管理、表达与交流的能力；对信息及信息活动的过程、方法、结果进行评价的能力；发表观点、交流思想、开展合作并解决学习和生活中实际问题的能力；遵守相关伦理道德与法律法规，形成与信息社会相适应的价值观和责任感。可以看出，这个阶段的信息技术课程的教学目标已经由重视操作技能教育转变为重视学生信息素养的培养，这适合当时我国国情，与信息技术的发展也是相适应的。

从 2003 年至 2017 年近 15 年间，信息技术发生了翻天覆地的变化，在人们的学习、生活中起的作用越来越显著，一个崭新的信息化社会已经到来。党的十九大报告提出："要全面贯彻党的教育方针，落实立德树人根本任务，发展素质教育，推进教育公平，培养德智体美全面发展的社会主义建设者和接班人。"在这种形式下，教育部修订了普通高中课程标准，并于 2018 年 1 月出版了《普通高中信息技术课程标准》。这个版本的课程标准将是今后一个时期内的教学纲领性和指导性文件。2017 版《普通高中信息技术课程标准》凝练出学科核心素养，提出信息技术学科核心素养包括信息意识、计算思维、数字化学习与创新、信息社会责任四个方面。其中计算思维是信息技术学科价值的集中体现，计算思维必将成为中小学信息技术课程的核心教学内容。关于中学生计算思维的培养也应成为中学信息技术教师关注的一个特别重要和迫切的核心研究问题。我申请了北京市教育学会的课题"基于计算思维的中学信息技术课程教学实践研究"，我们从计算思维的概念、计算思维培养的措施、策略等方面进行了实践研究，取得了一定的成果，下面是我近三年来撰写的关于计算思维的论文、教案、教学设计等的汇总，以期反映我们在教学实践中对学生计算思维的培养。

中学生计算思维培养文献综述

随着信息技术的快速发展,云计算、物联网、移动互联网、大数据、微博、微信、手势识别、体感交互、虚拟现实等这些新技术、新平台和新词汇层出不穷,让人们目不暇接。信息社会,每一位公民的生活都与计算机、互联网紧密相连。

随着现实世界与虚拟世界不断融合,数字化和计算化逐渐演变成为现代社会的基本形态特征,计算思维的作用和意义越来越突出。为了适应计算强度日益增加的信息社会,更好地认识和改造世界,人们就有必要深入地感知生活中的计算。在这种形势下,提升我们的学习能力,掌握科学的思维是每一个公民应该具备的基本素质。

科学家已将计算思维和理论思维、实验思维并列为人类三大科学思维,计算思维正逐渐成为一种基本的思维智慧。它从被美国卡内基大学教授周以真明确提出的那天起,便引起全球计算机教育者的广泛关注和热烈讨论。以周以真为代表的研究者认为,计算思维可以成为读、写、算之后的第四种基本能力,将在 21 世纪中叶成为人人必备的基本技能而不仅仅属于计算机科学家。

一、中学信息技术课程是一门与时代发展紧密相关的课程,计算思维教学将成为信息技术教学的核心内容

中学信息技术课程的发展与社会的进步、国家的要求、信息技术的发展以及师生个人的发展密切相关。在新的形势下,中小学信息技术教育正在实现教育目标从"信息常识"到"学科核心素养"的转向,教学内容从"工具技能操作"到"学科对个体发展的支持"的转向,学科价值从"应用行为"到"学科思维"的转向。

教育部在 2014 年 4 月 24 日正式印发的《教育部关于全面深化课程改革 落实立德树人根本任务的意见》中提出了研究制定学生发展核心素养体系和学业质量标准、修订课程方案和课程标准等十项措施。

2016 年 9 月 13 日,《中国学生发展核心素养》研究成果在京发布。该成果是教育部委托北京师范大学,联合国内高校近百位专家成立课题组,历时 3 年完成的,这个研究成果是课标修订、课程建设、学生评价等诸多方面的基础。

所谓"学生发展核心素养",主要是指学生应具备的、能够适应终身发展和社会发展需要的必备品格和关键能力。信息技术学科的核心素养包括信息意识、计算思维、数字化学习与创新、信息社会责任。

即将公布的普通高中课程标准修订,也将核心素养作为重要的育人目标。在即将颁布的新课标中,将高中信息技术课程性质描述为:普通高中信息技术培训课程是一门旨在提升信息素养,帮助学生掌握信息技术基本知识与技能、增强信息意识、发展计算思维、提高数字化学习与创新能力,树立正确信息社会价值观和责任感的基础课程。

在学科核心素养公布以及新课标的引领下,计算思维必将成为中小学信息技术课程的核心教学内容,这也是信息技术学科内在价值的体现。关于中学生计算思维的培养也应成为中学信息技术教师关注的一个特别重要和迫切的核心研究问题。

二、对计算思维的关注趋势

2017 年 6 月 26 日,我们在 CNKI(中国知网)上"文献全部分类"中以"计算思维"为关键词进行查询,得到了 2 307 条结果,年限范围是 1991 年至 2017 年。在这些搜索结果中,最早一篇题目中包含"计算思维"的文章是 1992 年 8 月 1 日北京师范大学黄崇福的一篇博士论文,题目是"信息扩散原理与计算思维及其在地震工程中的应用",这篇文章提出的计算思维并没有引起反响。而随后的文章大多是谈思维能力以及计算能力的问题。真正意义上的"计算思维"还是周以真教授最早提出来的。

随后,我们剔除 2 307 条结果中关于小学生计算及其他无关于计算思维的文章,留下从 2007 年 5 月至 2017 年 6 月共 1 273 篇与"计算思维"紧密相关的文章。

这些文章按年份分布如表 1 所示:

表1 2007 年 5 月至 2017 年 6 月与"计算思维"紧密相关的文章

年份	2007年	2008年	2009年	2010年	2011年	2012年	2013年	2014年	2015年	2016年	2017年
篇数	2	0	10	9	22	103	211	159	342	260	155

其柱形图如图 1 所示。

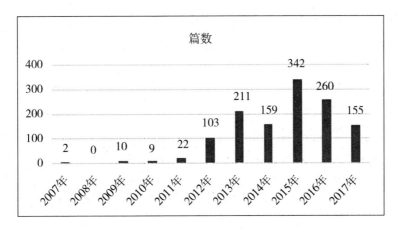

图 1　2007 年 5 月至 2017 年 6 月与"计算思维"紧密相关的文章柱形图

从表 1、图 1 我们可以看出,国内关于计算思维的研究从 2009 年开始,至 2013 年达到了一个高峰,在 2015 年又成为一个研究热点。值得注意的是,2017 年虽然刚刚过去半年,但相关研究文章篇数已达 155 篇,可见目前关于计算思维的研究与探索已经开始成为一个热点问题。

这些文章中对于中学生的计算思维培养的研究最早的是 2012 年 9 月的一篇文章。2012 年至 2015 年对中学生的计算思维培养方面的文章才逐渐增多,但也大多限于对计算思维的认识方面,真正落实到信息技术教学实践中的仅仅有几篇硕士论文零星的研究,没有形成规律性的研究结果,在研究广度以及研究深度上远远没有达到应有的程度。

关于中学生计算思维培养方面的文献从 2012 年至 2017 年 5 月共有 48 篇,按年份分布如表 2 所示。

表 2　2012 年至 2017 年 5 月关于中学生计算思维培养方面的文献

年份	2012 年	2013 年	2014 年	2015 年	2016 年	2017 年
文献数量	1	0	3	23	19	2

从表 2 可以看出,关于中学生的计算思维培养与大学生和高职学生的计算思维培养相比较而言起步晚,远远没有达到应该受到的重视程度。从 2015 年开始,人们才意识到培养中学生的计算思维的重要性,但远远没有达到成为研究热点的程度,研究的广度、深度更是没法与大学、高职相关研究的相比。

从以上收集到的文献中,我们借助 CNKI 的学术关注度以及用户关注度工具进行了分析,如图 2 所示。下载了其中的一些重要文献,进行了深入的阅读和理解,理清了计算思维的概念以及计算思维的培养等方面的内容。

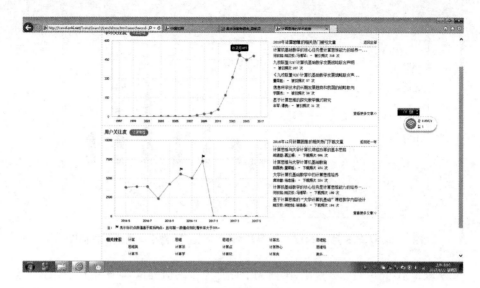

图2　文献分析

三、关于计算思维的概念

计算思维是当今备受关注的涉及计算机本质问题和未来走向的基础性概念，在国外，这一概念最早是在 1996 年由麻省理工学院（MIT）的 Seymour Papert 教授提出的，但真正有影响力的还是曾经担任美国卡内基梅隆大学（CMU）计算机科学系的主任周以真在 2006 年 3 月提出来的。周以真（J. M. Wing）教授在计算机权威期杂志《美国计算机协会通讯》（*Communications of the ACM*）上指出：计算思维（computational thinking，CT）是运用计算机科学的基础概念进行问题求解、系统设计、理解人类行为等一系列思维活动。她认为抽象和自动化是计算思维最显著的两大重要特征，计算思维还包括递归、平行思考、抽象、分解等。这个定义强调了计算思维的作用和普适性，并对计算思维的外延进行了描述，强调了计算机科学领域的方法和原则对问题解决的作用。

2010 年，她再次补充计算思维的定义：计算思维是一种解决问题的思维过程，能够清晰、抽象地将问题和解决方案用信息处理代理（机器或人）所能有效执行的方式表述出来。可以看出，对问题进行发现和抽象，对问题及其解决方案进行表述，采取信息技术方法和手段将其处理完成是计算思维的核心所在，这个定义再次突出了问题解决。

计算思维是关于人的思维，它的研究主体是人不是机器，也不是程序和计算机的思维。周以真教授总结出计算思维的六个特征。

第一，概念化，不是程序化。计算思维是我们在解决问题时要采取像计算机科学家那样思考问题的方式,不是计算机编程。计算思维要求能够在不同维度的抽象层面上进行思维,是一种复合型的思维能力。

第二,基本的,不是刻板的技能。计算思维是信息时代人人必备的一项基本技能,就像我们从小培养"读、写、算"等基本能力一样,它不是一种死记硬背的刻板技能。

第三,是人的,不是机器的思维。计算思维是人类求解问题的一条途径,但绝非是使人类像计算机那样思考。

第四,数学同工程思维的结合。

计算思维本质上起源于数学思维和工程思维。起源于数学思维,是因为计算思维的形式化建立在数学思维的基础之上。同时又起源于工程思维,是因为我们的最终目的是要构建能与现实世界产生互动的系统。

第五,是思想,不是人造品。计算思维不仅局限于用计算机生产制造出来的与现实生活息息相关的物品或者设计开发出来的软件程序。计算的思想,是能够被人们用来解决问题、管理日常事务、与人交际的思想理念。

第六,面向所有的人、所有的地方。计算思维作为人类具备的一项基本技能和问题解决工具,将无处不在,同时也应该在所有的学校和课堂当中得以应用。

周以真教授给出的有关计算思维的内涵和特征是大部分研究者和学者比较认可的,对计算思维的一系列探究也都是以周以真教授的有关计算思维的内涵和特征为基础展开的。

2011 年,美国国际教育技术协会(International Society for Technology in Education, ISTE)联合计算机科学教师协会(Computer Science Teachers Association, CSTA)基于计算思维的表现性特征,给出了一个操作性定义:"计算思维是一种解决问题的过程,该过程包括明确问题、分析数据、抽象、设计算法、评估最优方案、迁移解决方法六个要素。"这个操作定义首先将计算思维界定为问题解决的过程,在这个过程中首先需要形成一个能够用计算机工具解决的问题,在此基础上逻辑化组织和分析数据,通过模型和仿真对数据进行抽象表示,通过算法设计实现自动化解决方案,以优化整合步骤、资源为目标,确定、分析和实施可行的解决方案。将解决方案进行总结,并迁移到其他问题的解决中。这个定义对基于计算思维的问题解决过程进行了描述,较为清晰。

2012 年,英国学校计算课程工作小组(Computing at School Working Group, CAS)在研究报告中阐述:计算思维是识别计算,应用计算工具和技术理解人工信息系统和自然信息系统的过程,是逻辑能力、算法能力、递归能力和抽象能力的综合体现。

2013 年,南安普敦大学的 CynthiaSelby 博士和 John Woollard 博士提出计算思维包括算法思维(algorithmic thinking)、评估(evaluation)、分解(decomposition)、抽象(abstraction)、概括(generalisation)这五个方面的要素。

英国皇家科学院将计算思维定义为认识周围世界所存在的不同层次的计算,应用计算机科学工具和技术理解并辨析自然系统和人工系统及其运行过程。这一定义的核心在于对各种不同类型、不同层次计算问题的发现,以及通过计算机技术和工具对人工和自然系统进行剖析和理解。

美国德保罗大学(DePaul University)的 Settle 和 Perkovic 基于 Peter J. Denning 的七个伟大计算原理(The Great Principles of Computing)提出了一个计算思维的概念框架,内容包括计算、通信、协作、记忆、自动化、评估和设计。

Google 公司对计算思维的认识也体现了技术支持下的问题解决过程,Google 认为计算思维过程是问题解决技巧和技术的集合,并将计算思维过程界定为问题分解、模式识别、模式生成和抽象、算法设计。

在国内对于计算思维的研究中,桂林电子科技大学计算机与控制学院董荣胜教授阐述了计算思维与计算机方法论的关系,他指出:计算思维与计算机方法论虽有各自的研究内容与特色,但它们的互补性很强,可以相互促进,计算机方法论可以对计算思维研究方面取得的成果进行再研究和吸收,最终丰富计算机方法论的内容;反之,计算思维能力的培养也可以通过计算机方法论的学习得到更大的提高。两者之间的关系与现代数学思维和数学方法论之间的关系非常相似。

2009 年,中国工程院院士、中科院计算技术研究所所长李国杰提出:计算思维是运用计算机科学的基础概念去求解问题、设计系统和理解人类的行为,它选择合适的方式去陈述一个问题,对一个问题的相关方面建模并用最有效的办法实现问题求解。有了计算机,我们就能用自己的智慧去解决那些计算时代之前不敢尝试的问题。

中国科学院自动化研究所王飞跃教授认为,计算思维是一种以抽象、算法和规模为特征的解决问题之思维方式。广义而言,计算思维是基于可计算的手段,以定量化的方式进行的思维过程;狭义而言,计算思维是数据驱动的思维过程。

中国科学院院士陈国良也给计算思维下了这样一个定义:计算思维是运用计算机的计算概念,它的重要性是说计算思维如同我们小孩子入学受到的各种教育,都必须具备的思维本领。从这个定义可以看出,计算思维是从计算机领域迁移出来的一种思维能力。陈教授对计算思维的定义和周以真教授的是有相似性的,他们都肯定计算思维应该是每个人应该具备的一种基本能力。

陈国良院士和董荣胜教授还进一步提出了一个包含八个概念、三个层次的体系,如图 3 所示。

图 3　计算思维基本概念的层次关系

即将颁布的新课标在对高中信息技术课程目标的描述中有关于计算思维的进一步解释和说明。计算思维是指个体运用计算机科学领域的思想方法,在形成问题解决方案的过程中产生的一系列思维活动。具备计算思维的学生,在信息活动中能够采用计算机可以处理的方式界定问题、抽象特征、建立结构模型、合理组织数据;通过判断、分析与综合各种信息资源,运用合理的算法形成解决问题的方案;总结利用计算机解决问题的过程与方法,并迁移到与之相关的其他问题解决中。

从以上对计算思维的描述中可以看出,无论是国外的研究者还是国内的研究者对于计算思维的研究都越来越清晰,可操作性也越来越强。

从计算思维不同角度的概念描述可以看出:计算思维是适应信息社会人人所应具备的一种思维能力。它具有抽象和自动化的本质特点,是利用计算机科学的方法解决实际问题的一系列思维活动,这一系列思维活动包括界定问题、抽象特征、建立结构模型、合理组织数据等。

四、国内外关于计算思维培养的研究

美国是最早开展计算思维研究和普及计算思维的国家。在美国教育界的大力推动下,不仅有像卡内基·梅隆大学这样的高等学府对此进行讨论与研究,而且还包括美国计算机协会(ACM)、美国计算机科学教师协会(CSTA)、美国数学研究所(AIM)等众多团体组织。

2008 年,美国计算机协会明确将"计算思维"正式纳入"计算机导论"课程,并明确要求该课程讲授计算思维的本质。美国计算机科学教师协会还在其主页上发布了名为《计算思维:一个面向所有课堂的问题解决工具》的报告,文中详细分析了什么是计算思维以及如何利用其进行问题的解决。

美国国家科学基金会在 2013 年 1 月启动面向 21 世纪的计算机教育(Computing Education for the 21st Century）项目，重点扶持中小学开设计算机科学课程。计划在 2015 年前培训 10 000 名计算机科学教师在 10 000 所高中开始教授新型计算机科学课。计算思维作为计算机科学课程中的重要内容之一，被纳入最新版 CSTA k12 标准（2012 修订版）中。

计算思维不仅影响着美国的教育，也影响着英国的教育，在英国的爱丁堡大学，人们在一连串的研讨会上探索与计算思维有关的主题。另外，英国计算机学会也组织了欧洲的专家学者对计算思维进行研讨，提出了欧洲的行动纲领。

2009 年 11 月 9 日，在《中国信息技术已到转变发展模式关键时刻》一文中，李国杰在展望未来信息技术的发展前景时指出，20 世纪下半叶是以信息技术发明和技术创新为标志的时代，预计 21 世纪上半叶将兴起一场以高性能计算和仿真、网络科学、智能科学、计算思维为特征的信息科学革命，信息科学的突破可能会使 21 世纪下半叶出现一场新的信息技术革命。

2009 年 12 月 27 日，中国计算机学会青年计算机科技论坛哈尔滨分论坛（YOCSE 哈尔滨）与哈尔滨工业大学计算机科学与技术学院青年沙龙共同举办了"计算思维"专题论坛的会议。哈工大计算机学院副院长王亚东教授做了题为"计算与计算思维"的报告。报告从科学技术发展的角度出发，讲述了计算思维已经和即将对各门学科产生的影响，在计算机专业的各门课程中渗透"计算思维"的设想，并倡议学者们总结计算思维有哪些类别，以及它们和各门学科、日常生活的关系。

2010 年 7 月 19 日至 20 日，北京大学等 9 所知名高校在西安交通大学举办了"C9 高校联盟计算机基础课程研讨会"。教育部高等学校计算机基础课程教学指导委员会主任陈国良院士做了"计算思维能力培养研究"的报告。大会就增强大学生计算思维能力的培养发表了"C9 高校联盟计算机基础教学发展战略联合声明"。《九校联盟（C9）计算机基础教学发展战略联合声明》强调要把培养学生的"计算思维"能力作为计算机基础教学的核心任务。

2013 年，教育部高等学校大学计算机课程教学指导委员会正式发布了《计算思维教学改革宣言》，进一步明确了计算思维培养在大学计算机基础课程教学中的中心地位，并把计算思维的培养提升到创新人才培养和国家发展的高度。

从 2010 年《九校联盟（C9）计算机基础教学发展战略联合声明》发布至今已近 7 年时间，这期间大学教师利用计算机基础课程对包括计算机相关专业以内的几乎所有专业的大学生进行了计算思维培养的教学实践，出版了一系列基于计算思维培养的专著、教材。

我们以"计算思维"为关键词在当当网上搜索，返回了 352 项书籍的搜索结果,其中包括一些关于计算思维的专著,大部分是基于计算思维培养的大学计算机基础课程的教材。

从这些专著教材以及中国知网搜索的文献来看,大学教师对于培养学生计算思维的实践大多是基于算法和程序设计来展开的。由张莉主编,黄达明、陶婷、张萍编著,清华大学出版社出版的《计算机网络——以计算思维为视角》挖掘了计算机网络知识中与计算思维相关的知识点,提炼这些知识点并融合到相应的教学内容中,为利用除算法和程序设计之外的教学内容中培养学生的计算思维提供了借鉴。

浙江树人大学信息科技学院的汤益芳于 2016 年 5 月在《软件导刊(教育技术)》杂志上发表了一篇题为"基于软件应用的计算思维能力培养的教学实践与研究"的文章,在该文中作者论证了利用软件应用类课程培养计算思维能力的必要性和可能性,阐述了基于软件应用的计算思维能力培养的教学理念。将该理念的教学设计过程应用于"Dreamweaver 网页设计"课程中。遗憾的是可能由于版面限制原因,该文并没有详细列出培养了哪些计算思维能力,对于详细的培养过程也没有明确说明。

可见,到目前为止,算法和程序设计成为学生计算思维培养的重要载体,承担了绝大部分计算思维培养的功能。其他信息技术教学内容中也会渗透计算思维的思想和理念,需要教师深入地挖掘和整理。

现在越来越多的学者、专家开始对计算思维感兴趣,开始进行研究和交流,但是在基础教育阶段中关于计算思维的研究则开始得比较晚。

五、关于中学生计算思维的培养

基础教育阶段中培养学生的思维能力的文章还不多,现阶段对计算思维培养的研究大部分还停留在理论阶段,有的仅仅是在课堂中引入了计算思维,对计算思维的培养仍然缺乏科学的体系。

从有数的几个研究文献来看,大家一致认为,计算思维的培养是中学信息技术学科责无旁贷的任务,计算思维培养正是中学信息技术学科内在价值的体现。在中学进行计算思维的培养是非常必要和可行的。计算思维的培养有利于学生形成科学的态度,使学生的思路更加开阔,思维更加缜密;能提高学生的合作和交流能力、质疑能力。

有学者认为计算思维是一种运用计算概念和工具解决实际问题的过程。它是一种需要系统培养、锻炼的科学思维方式,分析其特征和我国信息技术教育现状,可以将计算思维从方法习得、工具应用、思维迁移三个层面与中小学信息技术课程融合并落实。

上海市浦东教育发展研究院谢忠新、曹杨璐认为,Selby 和 Woollard 博士关于计算思维的观点比较适合中小学信息技术教育。两位学者认为,不仅仅是算法与程序设计模块能较好地培养计算思维中的算法思维,在其他课程内容模块中,只要精心组织好培养计算思维的课堂活动,也都可以很好地培养学生的计算思维,关键是教师要结合信息技术课程内容挖掘与精心设计计算思维培养的课堂活动。

进行中小学信息技术学科课堂教学过程的设计时,教师可以针对计算思维其中一种思维的培养,设计课堂某个教学环节的活动。教师也可以结合课堂教学内容,关注计算思维的多个方面的培养,设计课堂整体教学活动。认为这种方法适合目前中学信息技术教学现状,具有非常强的可操作性和借鉴意义。

中国在中学生计算思维培养的研究及实践处于刚刚起步阶段,与计算思维应有的重要地位极不相称。北京市信息技术学科特级教师李冬梅老师在接受访谈时认为,中小学的信息技术教育应该是通过学习知识,能够解决实际的问题,这是更重要的一个价值,要实现就一定要让学生慢慢地熟悉这样的一种思维方式。另外她认为,计算思维不仅仅是针对计算机科学家和学者的,现在的学生必须要学习这种思维,这是一种必备的素质。

学生的计算思维不能自然形成,必须经历由教师进行理论研究及实践探索才能达成。

目前,对于如何培养计算思维还没有确切且有效的方法,对计算思维在中学信息技术教育中的培养还没有引起足够的重视。由于计算思维的抽象性,没办法在短时间内有效测量计算思维能力是否得到提高,目前也没有一定的量化标准来测量计算思维能力。因此,需要我们中学信息技术教师主动探索中学生计算思维培养的策略、特点,在实践中摸索对中学生计算思维培养的规律,从而提高学生的计算思维能力,在日常的学习和生活中能够使用计算思维方法,运用计算思维的特征来解决实际问题,为他们更好地适应不断变化的信息社会打下良好的基础。

六、一些非盈利组织对中学生计算思维培养的推进

值得庆幸的是,国际一些非盈利组织致力于推进青少年计算思维的培养,其中有影响力的两个大活动是"编程一小时活动"和"百博思"计算思维挑战赛活动,我国中小学生已经参与其中。

2014 年 12 月 8 日至 12 日,微软支持 Code. Org,在全球 200 个国家、用 35 种语言,向百万青少年发出邀请,一起挑战"编程一小时"。这个活动由一家美国非营利组织 Code. org 发起的,是旨在提高人们尤其是青少年创新能力、计算思维和普及计算机科学教育的一个活动。这个活动寓教于乐,无论之前是否接触过编程,都可以在游戏中学习代码这门未来的语言。

微软公司创始人比尔·盖茨、Facebook 创始人马克·扎克伯格、Dropbox 创始人安德鲁·豪斯顿、美国总统奥巴马、NBA 明星 Chris Bosh、歌星黑眼豆豆 William Adams 等人都明确支持"编程一小时"这项活动。更重要的是,全球成千上万的教育研究者、在校教师、家长和学生都对这个活动赞不绝口。到目前为止,全球已有超过 47 796 025 名学生参加了这个活动。学校/机构在注册后,将会在本次活动的世界地图上有所显示。例如,北京航空航天大学、北京光华路小学等已经在地图上显示出来。

国际计算思维挑战赛(International Challenge on Informatics and Computational Thinking,国际统一缩写为 Bebras,中文译为"百博思"),"百博思"挑战赛事始于 2004 年的欧洲,大赛旨在激起学生对于计算思维和计算机科学的兴趣,同时了解学生计算思维水平。挑战赛采用浅显易懂的方式呈现题目,每道试题均为情境性任务,让学习者利用已有知识运用计算思维完成挑战性任务。

第一届"百博思"挑战赛于 2004 年在立陶宛举行。随着该赛事的影响越来越大,参与人数也急速增加,2011 年参与人数 37 万(18 个国家),2012 年 52 万(21 个国家),2013 年 73 万(29 个国家),2014 年 93 万(36 个国家),2015 年 131 万(38 个国家),到 2016 年 161 万(34 个国家)。据预测,2017 年将有 50 个国家参与,测试人数将超过 200 万。

2017 年国际计算思维挑战赛中国赛区新闻发布会在北京师范大学国际学术交流中心举办。此次新闻发布会的召开,标志着国际计算思维挑战赛 2017 年中国赛区正式拉开序幕。

七、结语

培养中学生的计算思维也是中学信息技术课程的内在价值体现。自 20 世纪 80 年代以来,信息技术经历了以个人计算机为核心到以互联网为核心,再到以数据为核心的发展脉络,信息技术课程也随着这种变化而变化。一门充分发展的学科应有其独特的核心概念、逻辑结构和表达方式,以此反映学科的本体价值。中小学信息技术作为一门基础性学科课程同样需要明晰课程的知识结构,辨清逻辑关系,形成学科大概念的体系结构。计算思维是信息技术课程的一种内在价值,中小学信息技术课程的开展,不能只是停留在外在的技能操作练习上,甚至也不应停留于解决问题步骤的掌握上,更重要的还是发展学生利用信息技术解决问题的一种交互性思维方式,即计算思维。

形成计算思维能力是中学生适应信息社会、健康成长的需要。计算思维的培养能使中学生顺利适应信息化的学习、生活、生产、交易、交流等生存方式,获得在信息社会生存与发展的能力,从而成长为信息社会合格的数字公民。

培养中学生计算思维是践行新课标的必由之路,即将颁布的高中信息技术课程的新课标将中学生计算思维的培养提高到一个前所未有的高度。这是我们培养学生计算思维的依据,也必将成为我们今后很长一段时间教学工作的依据和中心内容。

总之,基础教育阶段对学生计算思维的培养仅处于摸索阶段,广大的一线中学信息技术教师对在信息技术课程中如何开展计算思维的培养缺乏整体的认识,在中学教育阶段究竟该如何渗透计算思维,如何让计算思维与现有的课程进行有机的融合,以及如何对学生进行有效培养等问题,需要信息技术一线教师在实践中摸索和探究。

参考文献

[1]刘向永.计算思维改变信息技术课程[J].中国信息技术教育,2013(6):5-9.

[2]李锋,王吉庆.计算思维:信息技术课程的一种内在价值[J].中国电化教育,2013(8):31.

[3]彭慧玲.在计算思维模式下《算法与程序设计》教学实践[D].成都:四川师范大学专业学位论,2013.

[4]王荣良."计算思维,一种新的学科思维方式"[J].中国教育技术教育,2012(6).

[5]王飞跃.面向计算社会的计算素质培养:计算思维与计算文化[J].工业和信息化教育,2013(6):4-8.

[6]陈国良,董荣胜.计算思维的表述体系[J].中国大学教学,2013(13):22-26.

[7]牟琴,谭良.计算思维的研究及其进展[J].计算机科学,2011(3):50-51.

[8]任友群,隋丰蔚,李锋.数字土著何以可能?——也谈计算思维进入中小学信息技术教育的必要性和可能性[J].中国电化教育,2016,348(1).

[9]谢忠新,曹杨璐.中小学信息技术学科学生计算思维培养的策略与方法[J].中国电化教育,2015,346(11).

注:该文写于2017年6月

在问题解决中培养中学生的计算思维

一、问题的提出

（一）信息技术的快速发展越来越深刻地影响着人们的工作和生活，计算思维成为人人必备的能力

随着信息技术的快速发展，数字化和计算化逐渐演变成为现代社会的基本形态特征，计算思维的作用和意义越来越突出，科学家已将计算思维和理论思维、实验思维并列为人类三大科学思维，计算思维正逐渐成为一种基本的思维智慧，受到了科学界的广泛关注。

培养学生的计算思维，是中学生心理发展的需求。计算思维不但可以促进形式思维向辩证思维的转变，而且对辩证思维的形成与发展也有积极的促进作用，中学阶段恰是培养计算思维的重要时间段。

（二）中学信息技术课程是一门与时代发展紧密相关的课程，计算思维教学将成为信息技术教学的核心内容

2017 年版的《普通高中信息技术课程标准》中，将高中信息技术课程性质描述为，普通高中信息技术培训课程是一门旨在提升信息素养，帮助学生掌握信息技术基本知识与技能、增强信息意识、发展计算思维、提高数字化学习与创新能力，树立正确信息社会价值观和责任感的基础课程。

在新课标的引领下，计算思维必将成为中小学信息技术课程的核心教学内容，这也是信息学科内在价值的体现。关于中学生计算思维的培养也应成为中学信息技术教师关注的一个特别重要和迫切的核心研究问题。

（三）中学计算思维的培养研究和实践目前处于起步阶段

目前，中国在中学生计算思维培养的研究及实践处于起步阶段，与计算思维应有的重要地位极不相称。学生的计算思维不能自然形成，必须经历由广大教师进行理论研究及实践探索才能实现。因此，需要我们中学信息技术教师主动探索

中学生计算思维培养的策略、特点,在实践中摸索对中学生计算思维培养的规律,从而提高学生的计算思维,使他们在日常的学习和生活中能够使用计算思维方法,运用计算思维的特征来解决实际问题,为他们更好地适应不断变化的信息社会打下良好的基础。

可以说,在今后一个相当长的时期,研究如何对中学生进行计算思维的培养并在教学中进行实践是中学信息技术教师的重要任务。

二、在问题解决中培养中学生的计算思维的可行性和必要性

在问题解决中培养学生的计算思维是中学信息技术课堂教学应该特别重视的核心问题。

问题分析是问题解决的首要条件,这也正是计算思维大显身手之处。在信息活动中能够采用计算机可以处理的方式界定问题、抽象特征、建立结构模型、合理组织数据;通过判断、分析与综合各种信息资源,运用合理的算法形成解决问题的方案;总结利用计算机解决问题的过程与方法,并迁移到与之相关的其他问题解决中。这是计算思维的基本过程,也是问题解决的通用过程,可以说,学生计算思维的形成与问题解决的过程是天然契合的。

在问题解决中培养中学生的计算思维是将计算思维与现实生活相联系的最好途径,也是体现计算思维在现实生活中重要作用的途径之一。

三、在问题解决中培养学生计算思维的策略

(一)重视问题分析与解决是计算思维培养成功与否的关键

中学信息技术的教学内容非常丰富,既包括信息技术基础知识,如计算机系统组成、进制转换、编码等,又包括网络及其应用、程序设计等内容。就这些教学内容而言,程序设计是培养学生计算思维的主要载体。

很长时间以来,无论是在大学还是在中学的程序设计教学中,都存在重视语法教学的现象,基本是从顺序结构、分支结构、循环结构三大结构以及函数等内容讲起,重点学习这些结构的语法知识,而忽视对实际问题的分析与语言的应用。其实,学习语言的目的就应该是解决实际问题,程序设计开始的第一步应该是学习界定问题、分析问题,对实际问题进行合理抽象以使之能利用计算机解决。因此,我们应该充分重视问题分析、分解、抽象的过程,即计算思维的过程。

(二)教学流程设计要适应计算思维的培养

教师应在教学流程设计上体现计算思维的培养,改变以前那种先讲语法知识、再讲如何应用的流程。注重引导学生在解决实际问题的过程中逐渐学会抽象

和利用程序语言使解决问题自动化的过程。

表 1 为"珠穆朗玛峰"问题的教学流程。

表 1 "珠穆朗玛峰"问题的教学流程

教学活动 1	教学活动 2	教学活动 3	教学活动 4	教学活动 5	教学活动 6
出示问题	界定问题	分析、抽象问题	掌握方法	解决问题	迁移提高
假设纸的长度足够长，厚度为 0.1 毫米，对折一次厚度增加 1 倍，现在对折纸张，直到总厚度超过珠穆朗玛峰的高度为止（8848.13 米），求对折的次数。编程解决这个问题	知道纸的厚度、珠穆朗玛峰的高度，求对折次数	这个问题在现实中不能够实现，用计算机可以模拟实现。变量 $a=$ 纸的厚度 变量 $h=$ 珠穆朗玛峰的高度 求次数 n 这是一个知道条件求次数的问题，不能用前面学过的 for 循环解决	微课讲解 do loop 循环以及 while wend 循环的语法结构 微课结束时有针对 for 循环的区别的语法练习	学生自主尝试解决此问题。难点：对折一次后纸的厚度翻倍。注意：纸的厚度与珠穆朗玛峰的高度的单位要统一	讨论在日常生活中还有哪些实际问题是通过满足某一个条件才重复进行的。尝试利用计算机程序模拟解决

从以上教学流程来看，恰恰与计算思维的过程是一致的，学生在老师的引导下经历了界定问题、抽象特征、建立结构模型、合理组织数据；运用合理的算法形成解决问题的方案；总结利用计算机解决问题的过程与方法，并迁移到与之相关的其他问题解决中这样的计算思维的基本过程。学生经过多轮这种界定问题、分析抽象问题、解决问题、总结提高的迭代过程，计算思维会逐步提高。

（三）设置、发现"好问题"是问题解决的开始，也是培养学生计算思维形成的先决条件

1. 好问题要与学生所学知识相关、与学生的计算思维形成相关

老师要善于设置学习问题。比如，我们在学习利用 Python 画线时，学生学习了如何引入 turtle 模块，然后学习了如何利用 turtle 模块画线。接下来我鼓励学生大胆尝试如何画一个正方形，在此基础上如何画多边形，等等。

学生在老师的引导下，一步一步分析问题、解决问题，这些问题都是通过他们自己的分析解决的，学生体会到了解决问题的快乐，在这个过程中潜移默化地对计算思维的抽象、分解等计算思维的核心内容进行了体验。

2. 好问题大多是经过研究才能得出结论的问题，而不是直接查询就能得出结论的问题

有一些问题是经过老师讲解学生就知道的问题,如一些程序设计语言的语法问题,经过老师讲解或者学生自己查询就能够找到规则和方法,这样的问题就没必要再深入挖掘。而经过学生探究才能得出结论的问题才是计算思维培养的好问题。

在学习虚拟机器人,由于之前学生学习了机器人前进的语句,所以后面学习到机器人遇到障碍就后退时,他们很容易就想到使马达反转就后退。当学生自己改完程序试验时,出现了特别尴尬的场面,机器人碰到障碍就后退,然后就又前进,好像反复撞墙一样。我把这个问题抛给学生,引导学生自己讨论思考如何修改程序使机器人遇到障碍就后退而不是在那里"撞墙"。

学生们对这个问题特别感兴趣,不一会儿就给出了几种不同的解决方案。有的方案是利用"中断循环"模块,机器人后退时就中断循环。有的方案是把"退出"模块放在循环体外,在循环中加入条件判断,如果碰到障碍不做任何动作,退出循环后再一直后退,这样也能实现机器人碰到障碍后一直后退的效果。还有的方案更有意思,既然后退完又判断是否遇到障碍,那干脆让后退永远循环,不让再前进……

这节课出现的问题吸引了学生的注意力,学生乐于钻研、自己得出结论和找到解决办法。这些解决方法的提出基于他们对问题的深入理解和对计算思维中对实际问题的抽象化体验,学生对循环、条件循环、循环中断等的作用有了深切的体会和认识。

3. 不放过课堂教学中生成的好问题

除了老师有意设置问题以外,好问题也来源于课堂的生成问题。我们在课堂上遇到的"换座位"问题就属于这类问题。在课上,有一位女生说坐后面看不见前面的白板,提出来想换到前面一点的座位,我赶紧和坐前面的同学们商量:"有谁愿意跟她换一下座位?"只有一位男生响应了一下,随后又反悔了。看来大家都愿意坐前面认真听讲,怎么办呢?我把问题抛给全班同学,这时有同学说:"老师,您做一个类似于点名的程序,点到谁谁跟她换。"我想,何不让学生自己实现这个点名程序?同学做完这个程序后,又针对一些具体问题引导学生实现程序的优化,如只从前两排同学中随机抽取座位怎么办?学生完成后,我又对他他提出能不能再把程序做得更逼真一些,因为学生的座位号是按 A1 – A2 – A3…B1 – B2 – B3…排列的,如果把产生的表示列的随机数变成字母表示就好了。在我的提示下,他们查到了将数字转变成字母的函数 Chr( ),很快实现了这个效果。接下来我在全班面前演示这个程序,很快抽到了要换座位的同学是 D1,这个同学也表示同意下节课跟这位女同学换。似乎一切是那么完美,但就在我刚要宣布"换座位"

完美收官时,接下来的事情又有了新的变化。

在查看程序代码时发现:其中有这样关键的一句,Text1. Text = Chr(fix(rnd * 8) + 1 + 65)。仔细分析这个语句,我们发现这个程序无论怎样运行,A 列都不会抽中,因为产生的随机字母是从 B(B 的 ASCII 码是 66)开始的。原来如此,这个大 BUG 必须得改呀!

接下来再跟学生讨论街头抽奖等活动时,如果想不让你赚钱或者拿走礼物是非常容易做到的,学生对此有了深刻的体会。

从这个问题的一波三折可以看出,课堂上学生出现问题的时候正是我们教学要关注的重点时刻,这个机会稍纵即逝。老师除了具备敏锐的洞察力之外,也要具备对所教知识的熟悉,对学生学习情况的深入了解,对课堂宽松环境的营造以及教学中与学生磨合产生的默契。只有注重解决学生的问题,才能接近解决真问题,学生在这些真问题的解决中,高阶思维能力才能提高。

4. 引导学生自己设计小项目并完成这些项目,是计算思维形成的重要途径

在教学中采取完成小项目的教学方式,使学生能够很快学以致用,在提高学生学习兴趣的同时,也锻炼了他们分析问题、抽象表达等计算思维能力。

在学完分支结构后,我引导学生自己设计小项目,并自己分析项目要解决的问题、解决的步骤、用到什么程序结构来实现,学生从他们自身的学习、生活出发,提出了很多实用的项目问题,也利用所学到的知识进行解决。他们围绕一个实际问题的解决,通过分析问题、界定问题,然后在此基础上进行抽象,并利用程序设计语言的相关语句来解决问题,这就是计算思维的过程。

四、在问题解决中培养学生计算思维过程中应该注意的几个问题

1. 为学生设置秩序渐进的学习任务

根据教学内容,为学生设置循序渐进的学习任务,这样会增强学生完成任务的信心,也符合学生的认知规律。

2. 微视频在问题解决和学生计算思维培养中可以起到事半功倍的作用

一般来说,微视频是 10 分钟左右的包含一个知识点视频。在中学信息技术课堂教学中,老师可以将一些知识点录制成微视频,让学生观看微视频进行学习而不是统一讲解。这样,学生可以完全按自己的学习节奏来学习,而不会因为老师的统一讲解打断自己的思路,也不会因为不好意思问老师而错过问题。在信息技术课堂上,一些固定的、有标准答案的问题能用微视频解决,学生就会将精力集中在需要他们认真思考的与计算思维相关的问题上。

3. 老师要有意识为学生营造宽松的学习环境,肯定和鼓励学生的探索与创新

培养学生的计算思维,就是培养学生像计算机科学家一样思考问题并解决问题,发明创造、科技创新、寻求突破是人类不懈努力的动力与源泉,而培养和具有计算思维已成为实现这一切的重要前提和必备条件。在课堂上,老师要利用多种形式的鼓励措施和多种多样的教学形式,促使学生积极主动地利用计算思维解决实际问题,为学生的探索和创新创造一切可能的条件。

总之,问题解决是中学生计算思维培养的有效载体,同时,计算思维也可以成为问题解决的有力保障,两者是相互依存的关系。随着中学一线教师的深入教学实践与研究,对中学生计算思维的培养必将取得更有价值的成果。

参考文献:

[1]中华人民共和国教育部.普通高中信息技术课程标准[M].北京:人民教育出版社出版,2017.

[2]Google. Exploring Computational Thinking [DB/OL]. http://www. google. com/edu/computational - thinking/index. html,2014 - 07 - 15.

[3]王飞跃.面向计算社会的计算素质培养:计算思维与计算文化[J].工业和信息化教育,2013(6):4 - 8.

《学做手机 App 提升计算思维》学生读本前言

目前,科学家已将计算思维和理论思维、实验思维并列为人类三大科学思维,计算思维正逐渐成为一种基本的思维智能,受到了科学界的广泛关注。它从被明确提出的那天起,便引起全球计算机教育者的广泛关注和热烈讨论。

一、关于计算思维的抽象和自动化

周以真教授认为抽象(abstract)和自动化(automation)是计算思维最显著的两大重要特征。abstract 的中文释义有三个:一是形容词,有抽象的、理论上的,难解的,抽象派的,茫然的意思;二是名词,有摘要,抽象概念,抽象派艺术作品的意思;三是动词,有提取、分离,转移(注意等),概括、摘录等意思。而中文的抽象一词有两个意思:一是从许多事物中,舍弃个别的、非本质的属性,抽出共同的、本质的属性,是形成概念的必要手段;二是不能捉摸的。从抽象的中英文意思可以看出,在计算思维中提出的抽象应该是取了动词的意思,就是从事物中舍弃个别的、非本质的属性,抽出共同的、本质的属性,包括提取、分离的过程。计算思维中的抽象完全超越物理的时空观,并完全用符号来表示,其中,数字抽象只是一类特例。与数学和物理科学相比,计算思维中的抽象显得更为丰富,也更为复杂。数学抽象的最大特点是抛开现实事物的物理、化学和生物学等特性,而仅保留其量的关系和空间的形式,而计算思维中的抽象却不仅仅如此。

计算思维的第二个本质特征是自动化,释义自动化的中文解释为最高级的机械化和电气化。机器、设备和仪器能全部自动地按规定的要求和既定的程序进行生产,人只需要确定控制的要求和程序,不用直接操作。

在 2017 版高中信息技术课程标准中,计算思维表现为形式化、模型化、自动化、系统化四个方面,抽象是实现形式化、模型化的基础,也是实现自动化、系统化的先决条件,而自动化则是实现高效解决问题的保证。只有对问题进行合理的抽象,才能实现高效的自动化过程。利用计算机解决实际问题的过程如图 1 所示。

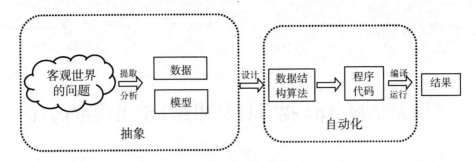

图1 利用计算机解决实际问题的过程

计算思维培养的重要载体就是程序设计教学，之前在教学过程中我们往往忽视了对学生抽象的培养和训练。一方面是因为我们的教学内容就很抽象，教学中举的例子离现实生活较远；另一方面，教师有意无意地过多地关注了程序语言的语法教学，而忽视了对实际问题的分析。这样导致的后果就是学生缺乏对实际问题分析能力的锻炼，只记住一些固定语法规则，对于语言的学习没有迁移性，对于老师讲过的题很容易做出来，而对于没有遇到过的问题就会感到无从下手。

计算思维中的抽象到底应该包括哪些步骤呢？我们认为抽象至少应该包括以下三个步骤。

第一，界定问题，要将来源于生活中的问题用自然语言描述清楚，明确要解决的问题。

第二，找出问题的关键特征，这个过程中我们要判别并选取与问题解决相关的关键部分，抽取基本的解题单元，并扩展问题解决领域，然后将这些关键因素用特定的符号表达出来。

第三，建构模型，将问题的关键因素之间的关系用合适的形式表达出来。

通过以上三个步骤，基本上就能找到关键因素，从复杂的现实世界映像到简化的抽象模型，并能用正确的方式描述它们之间的关系，从而为实现模型化和仿真即程序自动化，打下良好的基础。当然，抽象是有层次的，具体的哪些问题抽象到什么层次与程序设计语言的实际要求以及学生的思维水平紧密相关，这个需要在教学过程中准确把握，但要坚持一个原则就是对问题的抽象一定要有利于用这种语言实现自动化。

为了更好地实现计算思维的自动化，我们需要了解语言的数据结构、控制结构等知识，这部分的教学是我们教师所擅长的，一直以来也是非常得到重视的。

二、本书对计算思维培养的思路

App Inventor 是谷歌公司开发的手机编程软件。用户能够通过该工具软件自行研发适合安卓系统手机使用的应用程序。这款编程软件通过一些积木模块的拖曳结合手机自带的传感器就能制作出既华丽又实用的手机应用,这样的操作避免了枯燥的程序设计语言的记忆对思维的干扰,使开发者更专注于对手机 APP 应用的设计,专注于分析所开发的手机应用的关键因素,分析这些因素之间的联系,并按一定的方式表达出来。以 App Inventor 为载体锻炼计算思维是一种很好的途径。

本书重视对学生抽象能力的培养,利用独立的项目引导学生经历分析问题、界定问题,抽取关键因素并分析这些关键因素之间的联系,而程序设计的数据结构、控制结构等语法知识会隐含在这些项目中。在项目的引领下,学生多次经历这样的过程后计算思维势必会得到提高。

本书还注重学以致用,每章的后面都有启发学生拓展思维的思维导图,引导学生顺利达到知识的迁移,在最后一章,我们还为学生提出了更高的要求,要求学生制作一个综合作品,并给出了评价指标。

本书共分 12 章,除第一章外,均是以项目的形式组织展开的,本书着力培养学生的计算思维,从计算思维的本质:抽象和自动化入手,引领学生经历项目学习的全过程,在这个过程中提高计算思维。本书适用于初、高中零起点的学习,如果不是零起点的学生可以从自己喜欢的章节开始学习。

三、其他需要说明的问题

本书编写依据的平台:App Inventor2 WxBit 汉化版,由华南理工大学杨道全老师基于 MIT App Inventor 开源代码二次开发,独立运行,免费为大家提供服务。同学们可以从 https://www.wxbit.com 下载安装使用,这个网站还可以查询到更新记录等其他信息。

"小明的穿衣指南"教学设计

设计说明:

2017 版《普通高中信息技术课程标准》必修"数据与计算"中的内容要求中写道:掌握一种程序设计语言的基本知识,使用程序设计语言实现简单算法。通过解决实际问题,体验程序设计的基本流程,感受算法的效率,掌握程序调试与运行的方法。程序设计语言的学习是提升学生计算思维的重要途径。本节课所用程序设计语言为 Python 语言,这种语言灵活性强,有强大的第三方库,代码简单,功能强大,是人工智能时代广泛使用的语言。程序的顺序结构、分支结构、循环结构在任何种语言的学习中都占有无比重要的地位。理解了这三种结构的基本执行过程,就会在一定程度上理解计算机的语言的基本工作原理,可以为利用计算机语言解决实际问题打下良好的基础。这节课是学习分支结构,我用一个现实生活中的事例将分支结构相关的语法知识点串联起来,引导学生通过由简单到复杂、由浅入深的案例学习分支结构相关的知识点,以加深学生对于程序设计是为解决实际问题服务的理念,引导学生体验分析问题、界定问题、分析算法、实现程序自动化的过程,这也是计算思维的过程。

一、课题:小明的穿衣指南

二、课时安排:2 课时

三、教学目标:

知道单分支结构、双分支结构、分支嵌套、多条件语句的语法规定;

通过完成"小明的穿衣指南"的各个版本程序,学会编写单分支结构、双分支结构、分支嵌套、多条件语句的程序;

理解程序设计解决现实生活中问题的过程,体会程序的作用。

四、教学重点

利用分支结构、双分支结构、分支嵌套、多条件语句解决实际问题。

五、教学难点

对实际问题界定、分析、解决。

六、教学过程

1. 导入新课

教师活动：

前面我们学习了 while 循环，它需要判断一个条件是否满足再决定是否执行循环体。

在日常生活中有很多场景需要我们做出判断决定做什么，比如，如果今天天气冷，我就多穿点，否则就少穿点。

小明的爸爸是一个程序员，他为了训练小明自己随着气温的变化挑选衣服的能力，就用 Python 设计了一个程序。

学生活动：

听讲、回顾前面所学内容。

2. 新知讲解

教师活动：

发放微课视频，引导学生根据微课视频边听边练。

微课视频内容：

（1）小明的穿衣指南版本 1.0

```
qiwen = int(input("请输入今天的气温"))
if( qiwen < 20):
        print("校服内要加一件毛衣。")
```

（2）小明的穿衣指南版本 2.0

```
qiwen = int(input("请输入今天的气温"))
if( qiwen < 20):
        print("校服内要穿一件毛衣")
else:
        print("校服内加一件秋衣或短袖即可。")
```

讲解分支结构的执行过程

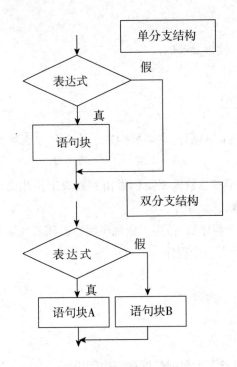

(3)小明的穿衣指南版本 3.0,多条件组合

温度在 20℃以上时又分为晴天和下雨天怎么办? 我们来分析一下这个过程:

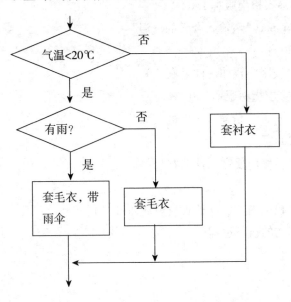

参考程序:

```
qiwen = int(input("请输入今天的气温"))
if(qiwen < 20):
    xiayu = input("是否下雨? Y是下雨,N是不下雨")
    if(xiayu == "Y"):
        print("校服内要穿一件毛衣,还要带雨伞")
    else:
        print("校服内要穿一件毛衣")
else:
    print("校服内加一件秋衣或短袖即可")
```

(4)更上一层楼,组合条件,小明的穿衣指南版本4.0

上例中的条件如果是15~25℃怎么写条件呢?

数学表达方法:15 < qiwen < 25

程序设计表达方法:

(qiwen > 15) and (qiwen < 25)

关于 Python 逻辑运算

Python 语言支持以下逻辑运算符。假设变量 a 的值为 True,变量 b 的值为 False。

运算符	描述	示例
and	如果两个操作数都为真,则条件成立	(a and b)结果为 False
or	如果两个操作数中的任何一个非零,则条件成为真	(a or b)的结果为 True
not	用于反转操作数的逻辑状态	not(a and b)的结果为 True

请同学们将气温条件修改成一个范围,再调试运行程序。

(5)大显身手,多条件语句——小明的穿衣指数版本5.0

更加详细的穿衣指南,如下表所示:

气温	穿衣推荐
< -5℃	厚羽绒服
-5℃—0℃	羽绒服
0℃—10℃	呢子大衣

续表

气温	穿衣推荐
10℃—15℃	厚外套
15℃—25℃	夹克类
25℃—30℃	衬衣、短袖

Python 中有一种结构可以解决这类问题：

if 条件：

　　语句1

elif 条件：

　　语句2

elif 条件：

　　语句3

……

elif 条件：

　　语句 n－1

else：

　　语句 n

请同学们自己完成这个程序的相关语句。

巡视同学们的操作并指出共性的问题。

学生活动：

接收微课视频文件，观看微课视频，边看、边理解、边练习。

3. 开阔视野，总结提高

本节课学到的知识有哪些呢？请你列出来吧。利用这些我们还可以完成哪些相似任务呢？

有兴趣的同学可以完成以下任务：

（1）输入百分制成绩，输出等级成绩或获奖等级。

（2）验证输入的密码是否正确。

（3）判断输入的数值是否是偶数。

（4）输入一个三角形的三条边，输出是否可以组成一个三角形。

（5）设计一个小型计算器，从键盘输入两个数和一个运算符（＋、－、＊、／）进行相应的数学运算，如果不是这4种运算，则给出错误提示。（注意除数不能为0）

(6)猜数游戏。

电脑产生一个 1~10 的随机数,用户输入自己猜测的数,输出猜测结果(太大、太小、成功)的提示。

......

注:产生随机数语句:

import random   #导入随机函数模块

randnumber = random. randint(1,10) #产生 1~10 的随机数

randint(a,b) 函数产生介于 a 和 b 之间的随机整数,即产生的随机数大于等于 a 且小于等于 b。

"蒙特卡洛方法求圆周率"教学设计

主题名称	蒙特卡洛方法求圆周率

教学设计说明

　　蒙特卡洛方法(Monte Carlo method),也称统计模拟方法,是 20 世纪 40 年代中期由于科学技术的发展和电子计算机的发明而提出的一种以概率统计理论为指导的数值计算方法,是指使用随机数(或更常见的伪随机数)来解决很多计算问题的方法。蒙特卡罗方法可用于近似计算圆周率:让计算机每次随机生成两个 0 到 1 之间的数,看以这两个实数为横纵坐标的点是否在单位圆内。这种算法充分利用了计算机产生随机数这一特点,虽然计算出的圆周率不是特别精确,但这种方法值得学生了解和掌握。

　　高二学生对圆周率并不陌生,但是对于圆周率是如何求出来的未必知道得很清楚,圆周率后面有无穷位数字,这些数字如何得来的呢,本节课引领学生了解了多种求圆周率的方法,学生了解这些方法后分组进行验证和测算,从对比中体会计算机模拟算法的优势,从而对计算思维有更深入的感悟

学习目标与重点难点

　　学习目标:

　　　　了解求圆周率的常用方法

　　　　体验用不同的方法计算圆周率

　　　　分析圆周率计算方法的优缺点

　　　　利用 Python 程序来实现计算圆周率

　　　　掌握蒙特卡洛求圆周率计算圆周率的基本过程与方法

　　　　会利用 Python 编写程序实现蒙特卡洛法求圆周率

　　学习重点:

　　　　蒙特卡洛法求圆周率的基本方法

　　学习难点:

　　　　编写程序实现蒙特卡洛法求圆周率的基本方法

主题整体教学思路

　　了解求圆周率的方法—选用什么方法(解析法、蒙特卡洛方法)—编写程序实现

教学内容分析

　　本教学内容是学生在学习了 Python 的基本知识后,应用蒙特卡洛法求圆周率体现了计算机程序的优势,这是一个很好的 Python 程序应用的例子

主题名称	蒙特卡洛方法求圆周率

5. 学习者分析

学生学习了 Python 的一些基本知识,体验了顺序结构、分支结构、循环结构的程序设计方法,这一阶段主要是应用这些思想解决一些实际问题

6. 学习评价设计

学习主动性,参与讨论的情况
编写、调试程序情况

7. 学习活动设计

教师活动	学生活动
环节一:课堂引入	
教师活动 1 同学们对圆周率都不陌生,谁知道圆周率后面到底有多少位? 引导学生说出圆周率是无理数 提问学生:圆周率是如何算出来的	**学生活动 1** 听讲,回答自己知道的圆周率的计算方式
活动意图说明:导入新课	
环节二:呈现几种不同的方法计算圆周率	
教师活动 2 老师展示几种不同的方法算圆周率,也可让学生讲一下具体的方法 方法 1:通过测量圆的周长和直径来计算 方法 2:使用无穷级数计算 使用格雷戈里 – 莱布尼茨无穷级数 使用 Nilakantha 级数 方法 3:使用蒲丰投针问题来计算 方法 4:使用极限计算 方法 5:反正弦函数 方法 6:用公式 $$\pi = \sum_{k=0}^{\infty}\left[\frac{1}{16^k}\left(\frac{4}{8k+1} - \frac{2}{8k+4} - \frac{4}{8k+5} - \frac{4}{8k+6}\right)\right]$$ 方法 7,蒙特卡洛方法	**学生活动 2** 听讲,也可以自己讲一下自己所知道的圆周率的计算方法 思考这些方法的优缺点和各种方法的特点

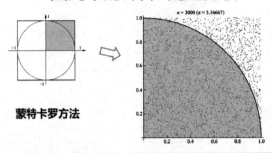

"圆周率的计算"问题分析

蒙特卡罗方法

活动意图说明：
　　了解圆周率不同的计算方法,讨论总结这些方法的优缺点

环节三:讨论分析,哪些方法可以用计算机程序来实现

教师活动3 　　组织学生讨论以上哪种方法可以用计算器来计算,哪些方法可以用计算机程序来解决	**学生活动3** 　　讨论分析哪些方法适合用计算器来直接计算,哪些方法必须借助计算机程序设计来解决

活动意图说明：
　　充分分析各种方法的优缺点,找出这些方法中适合用计算机程序来解决的方法

环节四:分析、设计算法

教师活动4 　　详细分析蒙特卡洛方法的特点,讲解如何产生随机数,引导学生写出这个问题的解决步骤。 　　1. 导入 random 模块; 　　2. 定义一个常量 DARTS,用来表示共有多少点; 　　3. 将在圆内的数量赋初值为 0; 　　4. 产生 DARTS 个随机点,计算这些点到中心的距离; 　　5. 判断这个距离是否 < = 1,如果符合条件就把点数加 1 　　计算 pi 的值 　　6. 输出	**学生活动4** 　　自主分析这个算法的过程,在笔记本上用伪代码表示出来

活动意图说明：
　　　分析问题—建立模型—理清算法

续表

教师活动5 　　引导学生将伪代码转换为计算机程序,输入程序、调试并运行程序 　　为学生讲解加入进程时间记录: perf_counter( ) 或 process_time( )	学生活动5 　　将伪代码转换为 Python 程序并调试、运行,查看运行结果 　　在程序中加入测时间的语句,打印运行时间

活动意图说明:
　　编写程序,查看运行结果,关注程序运行的时间

8. 作业与拓展学习设计
　　思考:生活中还有哪些场景可以用计算机程序模拟来显示,或者哪些问题可以用计算机模拟来解决。

"递归算法"教学设计

设计说明：

  递归算法是计算机程序设计算法中的一种重要方法，它指的是一个过程或函数在其定义或说明中又直接或间接调用自身的一种方法，它通常把一个大型复杂的问题层层转化为一个与原问题相似的规模较小的问题来求解。理解了递归算法往往使一些实际问题处理起来更加简单明了，这也是计算思维所强调的一种重要的解决问题的方法。在这个理解过程中学生会感到有一些困难。本节课主要使用对比的方法引导学生理解递归算法的作用及执行过程。

课题	递归算法	课时	1
教学目标	理解递归的作用； 理解实现递归的两个条件；(计算思维)会用递归解决实际问题； 通过几个实例比较用递归解决和不用递归解决，体会递归的作用		
教学重点	利用递归解决问题的两个条件		
教学难点	如何分析实际问题用递归算法来解决		

	教学过程		
教学环节	教师活动	学生活动	设计意图

导入
 	
新知学习
 	
分析练习
	一、导入
	　　上节课我们学习了函数,有的问题可以不用函数解决,有的问题用函数解决起来就非常容易了,我们先看一个故事:
	　　从前有座山……
	　　递归是"自己调用自己"
	　　德罗斯特效应:德罗斯特效应(Droste effect)是递归的一种视觉形式,是指一张图片的某个部分与整张图片相同。
	二、递归 – 定义
	　　递归:程序调用自身
	　　形式:在函数定义有直接或间接调用自身
	三、求阶乘
	　　1. 不用递归
	
	``
	#不用递归求阶乘
	def p(n):
	    x = 1
	    j = 1
	    while(i < = n):
	        x = x * i
	        i = i + 1
	    return x
	n = int(input("请输入要求阶乘的数:"))
	print(n,"! =",p(n))
	``
	
	　　2. 用递归
	　　分析:
	阶乘:$N! = 1 \times 2 \times 3 \times \cdots \times N$
	$N! = 1 \times 2 \times 3 \times \cdots \times (N-1) \times N$
	　　p(n)
	$N! = (N-1)! \times N$
	　　　　p(n-1)
	　p(n-1)
	$(N-1)! = (N-2)! \times (N-1)$
	　　p(n-2)
		听讲、回顾。
		
		听讲,理解递归的含义
		
		回顾并上机操作求阶乘不用递归的方法。
		
		分析如何用递归实现求阶乘。
			回顾上节课所学内容。
			
			知道德罗斯特效应,产生学习兴趣
			
			知道什么是递归
			
			通过比较不用递归和用递归解决体会递归的作用。
			
			掌握递归的Python语言实现的方法。

教学环节	教师活动	学生活动	设计意图
| 理解递归过程 | ```
#用递归求阶乘
def p(n):
    if n == 1 or n == 0:
        return 1
    else:
        return n * p(n - 1)
n = int(input("请输入要求阶乘的数:"))
print(n,"! =",p(n))
```<br><br>分析执行过程：<br> | 上机操作,利用递归实现求阶乘。<br><br><br><br><br>分析递归的执行过程 | 深入理解递归的特性和执行过程 |
| 实例体会 | 四、打印斐波那契数列<br>　1. 不用递归<br>　斐波那契数列是这样的一个数列:1,1,2,3,5,8,13,21,34,55,89……<br>　请同学们观察以上数列的规律：<br>　(1)第一、二个数是1;<br>　(2)从第三个数开始,后面所有的数都是这个数的前两个数之和。<br><br>```
#不用递归求斐波那契数列
n = int(input("请输入要打印多少项?"))
f1 = 1
f2 = 1
print(f1,f2,end = " ")
for i in range(1,n + 1):
    f3 = f1 + f2
    print(f3,end = " ")
    f1 = f2
    f2 = f3
``` | 操作练习不用递归打印斐波那契数列。 | 再次比较不用递归与用递归解决打印斐波那契数列问题,深入理解递归的应用。 |

续表

教学环节	教师活动	学生活动	设计意图

练习操作	2. 用递归求斐波那契数列
	
	``
	#用递归求斐波那契数列
	def fib(n):
	    if n <= 2:
	        return 1
	    else:
	        return(fib(n-1) + fib(n-2))
	m = int(input("你要输出几项?"))
	for i in range(1, m+1):
	    print(fib(i), end=" ")
	``
	
	分析过程:
	
		操作练习用递归实现打印斐波那契数列。
		
		分析递归执行过程
		
		总结:递归函数
			深入理解递归的执行过程
			
			巩固所学总结规律以便于知识迁移

总结提高	五、总结递归函数的特点 　　在函数内部,可以调用其他函数。如果一个函数在内部调用自身本身,这个函数就是递归函数。 　　递归函数特性: 　　必须有一个明确的结束条件; 　　每次进入更深一层递归时,问题规模相比上次递归都应有所减少 　　相邻两次重复之间有紧密的联系,前一次要为后一次做准备(通常前一次的输出就作为后一次的输入)。 　　递归效率不高,递归层次过多会导致栈溢出(在计算机中,函数调用是通过栈(stack)这种数据结构实现的,每当进入一个函数调用,栈就会加一层栈帧,每当函数返回,栈就会减一层栈帧。由于栈的大小不是无限的,所以,递归调用的次数过多,会导致栈溢出)		

"探究汉诺塔问题"教学设计

设计说明：

汉诺塔问题利用递归来解决，递归是信息技术学科中理解起来很难的一种算法。在这节课的设计中，由印度的古老传说引出汉诺塔问题，再由前面学过的求阶乘、打印斐波那契数列着手强调递归出口和递归链的分析和书写，随后组织学生玩汉诺塔的游戏，在玩游戏的探究过程中寻找移动次数的规律和移动过程的规律。

这节课有以下几个特点。

(1)学生在游戏中学习，每个学生体验了汉诺塔的游戏。

(2)在游戏中找规律，利用归纳法，小组同学找出移动次数的规律，然后再找出移动过程的规律。从过程规律中找到与递归算法的契合点，为程序的正确理解和书写打好基础。

(3)自制教具很有特色，使用充分。

(4)程序时间的记录与前面的传说相呼应，培养学生的科学思维。

(5)整个教学过程体现了计算思维的培养，从问题分析，到问题分解，再到规律描述，整个过程环环相扣。

(6)与数学的融合非常自然，使学生认识到学科之间的联系。

基本信息			
学科	信息技术	年级	高中二年级
课名	探究"汉诺塔"问题	课时	1课时
学情分析			

学生已经学习了 Python 的数据类型、三大数据结构，学习了自定义函数的方法及其应用，前几次课也利用几个典型案例体会了递归的思想，对于递归的条件以及解决什么样的问题有了一定的体会。经过课前调研，对于汉诺塔问题只有很少的同学听说过，很多同学对这个问题特别感兴趣

续表

教学目标

通过玩汉诺塔游戏
体验通过归纳找出规律的过程
体会分析实际问题、转换为利用程序代码解决的过程
体验利用递归思想解决汉诺塔问题的过程
深入理解递归的基本程序结构
学会导入时间模块,学会利用 time 模块测试 CPU 占用时间的方法

教学内容

"汉诺塔"问题是递归的一个经典应用,是继 Python 自定义函数后的一个学习内容,本内容对于学生深入理解递归思想及其应用有很大帮助。学生对于本部分内容的学习可以充分体会到计算机科学的思想在现实当中的应用,对于培养计算思维有很大帮助

教学重难点

重点:找规律,利用递归思想解决汉诺塔问题
难点:递归思想的理解

教学准备

教具准备(汉诺塔):一部分购买、一部分自制

教学过程

教学环节	教师活动	学生活动	资源	设计意图
课堂导入	前面的课程中,我们学习了程序设计中的递归思想,用这种思想可以很方便地求解阶乘、斐波那契数列,还画出科赫曲线和分形树。这节课我们要利用递归思想解决一个古老的问题:汉诺塔问题	听讲,回顾前面所学知识	PPT	导入课堂教学

教学环节	教师活动	学生活动	资源	设计意图
问题描述	出示问题描述： 　　在印度,有这么一个古老的传说： 　　在世界中心贝拿勒斯（在印度北部）的圣庙里,一块黄铜板上插着三根宝石针。印度教的主神梵天在创造世界的时候,在其中一根针上从下到上地穿好了由大到小的 64 片金片,这就是所谓的汉诺塔。 　　不论白天黑夜,总有一个僧侣在按照下面的法则移动这些金片： 　　一次只移动一片,不管在哪根针上,小片必须在大片上面。僧侣们预言,当所有的金片都从梵天穿好的那根针上移到另外一根针上时,世界就将在一声霹雳中消灭,而梵塔、庙宇和众生也都将同归于尽。 　　后来,这个传说就演变为汉诺塔游戏： 　　1. 有三根杆子 A,B,C。A 杆上有若干碟子 　　2. 每次移动一块碟子,小的只能叠在大的上面 　　3. 把所有碟子从 A 杆全部移到 C 杆上	听讲,思考、明确要解决的问题	PPT	明确要解决的问题
分析游戏规则	引导学生分析游戏规则： 　　1. 把组成"金塔"的圆片按照下大上小依次放在中央的柱子上； 　　2. 每次只能移动一个圆； 　　3. 在移动过程中,大圆不能压在小圆上面； 　　4. 每次移动的圆只能放在左中右的位子； 　　5. 将整座"金塔"移到另外任意一根柱子上即告胜利	在教师的引导下分析游戏规则	PPT	明确游戏规则
玩游戏、找规律	发放教具,组织学生以组为单位玩汉诺塔游戏,启发学生找规律 　　1. 归纳步数规律 　　$n=1$　步数:1 　　$n=2$　步数:3 　　$n=3$　步数:7 　　预测: 　　$n=4$　步数:15 　　$n=5$　步数:31 　　……	两人一组,玩汉诺塔游戏,总结步数规律		

教学环节	教师活动	学生活动	资源	设计意图
玩游戏、找规律	归纳:n个圆片所需的步数:2^n-1 　引导学生计算 64 个盘子共需要多少时间? 　假如每秒钟移动一次,64 个盘子共需多长时间呢? 一个平年 365 天有 31536000 秒,闰年 366 天有 31622400 秒,平均每年 31556952 秒,计算一下: 　18446744073709551615 秒 　这表明移完这些金片需要 5845.54 亿年以上,而地球存在至今不过 45 亿年,太阳系的预期寿命据说也就是数百亿年。真的过了 5845.54 亿年,不说太阳系和银河系,至少地球上的一切生命,连同梵塔、庙宇等,都早已经灰飞烟灭。 　即使借助计算机,假设计算机每秒能够移动 100 万步,那么约需要 18 万亿秒,即 58 万年。将计算机的速度再提高 1000 倍,即每秒 10 亿步,也需要 584 年才能够完成。 　虽然 64 个盘子超出了人力和现代计算机的能力,但至少对于计算机来说,这不是一个无法完成的任务,因为与我们人类不同,计算机的能力在不断提高 　2. 盘子移动规律 　(1)$n==1$ 　第 1 次　1 号盘　A－－－>C 　sum = 1 次 　(2) $n==2$ 　第 1 次　1 号盘　A－－－>B 　第 2 次　2 号盘　A－－－>C 　第 3 次　1 号盘盘　B－－－>C 　sum = 3 次 　(3)$n==3$ 　　第 1 次　1 号盘　A－－－>C 　　第 2 次　2 号盘　A－－－>B 　　第 3 次　1 号盘　C－－－>B 　　第 4 次　3 号盘　A－－－>C 　　第 5 次　1 号盘　B－－－>A 　　第 6 次　2 号盘　B－－－>C 　　第 7 次　1 号盘　A－－－>C 　sum = 7 次	利用电脑上的计算器计算移动 64 片所需时间 讨论并在学案上记录盘子移动过程,讨论并总结移动规律	汉诺塔教具	通过玩汉诺塔游戏,记录盘子的移动过程,总结移动过程规律

教学环节	教师活动	学生活动	资源	设计意图
思考、分析问题	引导学生思考、分解问题： 当最大的盘子由 A 移到 C 后，B 上是余下的 63 个盘子，A 为空。因此现在的目标就变成了将这 63 个盘子由 B 移到 C。这个问题和原来的问题完全一样，只是由 A 柱换为 B 柱，规模由 64 变为 63。因此可以采用相同的方法，先将上面的 62 个盘子由 B 移到 A，再将最下面的盘子移到 C……对照下面的过程，试着是否能找到规律： 每次都是先将其他圆盘移动到辅助柱子上，并将最底下的圆盘移到 C 柱子上，然后再把原先的柱子作为辅助柱子，并重复此过程。 这个过程称为递归，即定义一组基本操作，这组操作将规模小一点的操作当作一个整体——无须关心它的细节，只当它已经完成了——然后执行剩下的操作。而在更小或更大的规模中也依此操作，直到规模达到预定值	分析盘子移动过程，用递归思想解决	PPT、学案	理解递归方法的使用和解决问题的过程

编写程序实现移动过程	出示参考代码：
	``python
	def move(n,a,b,c)
	if n = =1:
	    print(A,' - >',C)
	else:
	    move(n-1,a,c,b)
	    print(a,' - >',c)
	    move(n-1,b,a,c)
	m = int(input("请输入几个盘子:"))
	move(m,'A','B','C')
	``
		在学案上填空，将程序输入电脑调试并运行	学案	输入程序、运行调试，查看结果

续表

教学环节	教师活动	学生活动	资源	设计意图
测试运行时间	导入 time 模块,要求学生分别记录 3 个盘子、6 个盘子、9 个盘子……运行时间。 　import time　#导入 time 模块 　time. clock( )　#记录 CPU 的时间 将结果填入下表中: 　盘子数量 ＼ 3 ＼ 6 ＼ 9 ＼ 12 ＼ 15 　时间/秒 拓展任务: 　将上以记录数据利用 Excel 电子表格做成一个曲线。	导入 time 模块,利用 time. clock ( ) 记录不同盘子数量时程序运行的时间	学案	体会程序运行的时间,感受移动次数的指数级增长
课堂小结	请同学回答以下两个问题: 1. 递归思想有哪些特点? 2. 运用递归解决实际问题应该注意什么	思考、总结本节课的学习过程,回答老师提出的两个问题	PPT、学案	总结本节课所学主要内容,对重点内容加强理解
作业与拓展学习设计	出示作业: 　将课上记录的时间表格数据输入 Excel 表格中,生成一个时间－次数的曲线,并观察与指数函数的曲线是否相似	记录作业	PPT、学案	巩固所学知识

"Microbit 与随机数"教学设计

设计说明：

本节课利用开源硬件 Microbit 为载体，以随机数为基本问题，老师引领学生经历了从简单到复杂的问题分析、解决问题的过程。

从显示随机数、加按钮控制，到利用 Micobit 自带的重力传感器进行摇一摇出现随机数，再到更形象化显示"掷色子"的过程。学生在老师的引领下逐步掌握了随机数产生的、按钮的控制、图片设计、图片列表的创建以及随机显示图片等方法，整个过程符合学生的认知规律和水平，体现了 Python 程序驱动硬件的实际应用，使学生深刻感悟到人的思维是如何体现在计算机程序中，这也是计算思维的重要特征。

课题	Microbit 与随机数	课时	1
	教学目标		

通过体验利用 Microbit 产生随机数的过程，掌握 Python 产生随机数的方法；
学会在 microbit 上正确显示数值的方法；
了解 microbit 手势的作用，掌握 shake（晃动）手势的用法；
进一步掌握创建 microbit 图片及图片列表的方法及应用；
通过分析、分解问题、选择合适算法，体验利用程序解决实际问题的过程，提升计算思维；
通过创意作品制作，体会 Microbit 的作用，将所学知识进行很好的迁移并产生利用 microbit 制作改善人们生活的意识，增强社会责任感

教学重难点

重点：Python 产生随机数的方法；Microbit 手势的应用

难点：正确取出图片列表中的随机位置图片

教学环节	教师活动	学生活动
引入课堂教学	上节课我们学习了自己设计图像并用按钮来控制程序的运行,下面我们来演示观看一下同学们做的程序。 展示学生有代表性的作品并点评…… 这节课,我们利用 microbit 生成随机数,下面我们来完成任务 1	观看老师演示,回忆之前学过的知识点

任务 1,产生随机数并显示	任务 1,下载程序后,显示随机数
	出示代码,引导学生输入代码并测试,观察运行结果。
	from microbit import *
	import random
	display. show(str(random. randint(1,6)))
	每次下载这个程序的时间,都会显示 1 ~ 6 之间的一个数,分析关键语句的功能:
	import random
	display. show(str(random. randint(1,6)))
	版书以上关键语句,解释 random. randint(1,6)的作用是产生 1 ~ 6 之间的随机数,包括 1 和 6。
	解释 str( )函数的作用是将数值型转换为字符串以便在 microbit 上显示。
	下面,我们将这个程序再完善一下,一直让它产生随机数并显示,再加上用按钮控制:
	一直产生随机数并显示,需要加一下永远循环,如下所示:
	while True:
	    display. show(str(random. randint(1,6)))
	    sleep(200)
	请同学们再在此基础上自己加上按钮的控制,可以利用语句 if button_a. is_pressed( )
	参考代码:
	from microbit import *
	import random
	while True:
	    if button_a. is_pressed( ):
	        display. show(str(random. randint(1,6)))
	        sleep(200)
		输入程序、保存程序、刷入 microbit 并观察结果
		
		听讲,记录重要知识点学习 microbit 如何产生及显示随机数
		
		输入程序,调试并运行观察产生的随机数
		
		为程序加上按钮控制,当按钮按下时,显示随机数

教学环节	教师活动	学生活动

任务2,摇一摇产生随机数	以上这个程序,用按钮控制不是很科学、公平。有人为操纵的嫌疑,下面我们利用 microbit 的传感器实现摇一摇产生随机数并显示。
	
	摇一摇产生随机数,需要使用 microbit 中的加速度传感器。
	
	microbit 上的加速度传感器可以感应手势,当你向某个方向移动 microbit 时,可以识别出来。
	
	能够识别的手势有以下几个:
	up(上),down(下),left(左),right(右),face up(正),face down(反),freefall(自由落体),3g,6g,8g(重力系数),shake(摇动),现在我们就用摇动这个手势来实现摇一摇产生随机数的功能。
	
	任务2,利用摇一摇生成随机数
	`from microbit import *`
	`import random`
	`while True:`
	`    if accelerometer. is_gesture("shake"):`
	`        display. show(str(random. randint(1,6)))`
	分析问题:
	这里产生随机数的条件是摇一摇,因此需要加上语句:
	`if accelerometer. was_gesture("shake"):`
		听讲,学习并记录 microbit 的手势。
		
		完成任务2的程序,调试并运行

任务3,实现形象化掷色子	任务3,实现更形象化的掷色子 实际中的色子是6面体,每一个面有几个点表示几个数。 我们可以用自制图像来表示每面的点数用摇一摇来模拟掷色子的过程,下面我们来看一下程序的运行结果情况。 播放视频,观看程序运行效果。 问题分析: 1. 创建6张图片,如图所示:	听讲,明确问题。 分析、分解问题 1. 创建6张图片

教学环节	教师活动	学生活动

任务3，实现形象化掷色子	pic1 = Image（"00000：00000：00900：00000：00000"）
	pic2 = Image（"00000：00000：09090：00000：00000"）
	pic3 = Image（"00000：00090：00900：09000：00000"）
	……
	2. 创建图片列表
	all_pics = [pic1，pic2，pic3，pic4，pic5，pic6]
	当晃动 microbit（if accelerometer. is_gesture（"shake"））时做下面两件事：
	（1）生成 1～6 之间的随机数
	n = random. randint（1,6）#注意生成随机数的范围，调试程序时会出错，讲解为什么会出错
	（2）以随机数为下标取出图片列表中相应的图片
	display. show（all_pics[n]）
	参考代码如下：
	
	``
	from microbit import *
	import random
	pic1 = Image("00000：00000：00900：00000：00000")
	pic2 = Image("00000：00000：09090：00000：00000")
	pic3 = Image("00000：00090：00900：09000：00000")
	pic4 = Image("00000：09090：00000：09090：00000")
	pic5 = Image("00000：09090：00900：09090：00000")
	pic6 = Image("09090：00000：09090：00000：09090")
	pics = [pic1，pic2，pic3，pic4，pic5，pic6]
	
	while True：
	    if accelerometer. is_gesture("shake")：
	        n = random. randint(1,6)
	        display. show(all_pics[n-1])
	``
		2. 创建有 6 张图片的列表
		
		3. 产生 1～6 之间的随机数
		n = random. randint（1,6）
		
		4. 以 $n-1$ 为下标取图片列表中的图片
		
		5. 以晃动设备为条件，执行 3,4 步。
		if accelerometer. is _ gesture（"shake"）：
		6. 将 3,4,5 步放入一个永远循环中。
		while True：
		
		7. 调试运行程序。
		
		理解产生随机数的范围如何设置才能正确取出随机图片。
		理解列表的索引值的顺序规定

自由创作	引导学生根据手势，创作自己的创意作品	根据手势和随机数的相关知识自己制作创意作品
课堂小结	展示学生课堂练习作品，强调本节课所学重点知识	课堂小结、记笔记，提交课堂练习作业

第二篇 教学内容总体规划篇

教学内容的选择要围绕教学目标进行,教学目标和教学内容的"作用力"方向是一致的。教学行为是从教学目标开始的,围绕教学目标选择教学内容。综合考虑教学目标要求以及学生的实际情况对教学内容进行增、删、改、减体现出一个教师对课标与教材的把握,对学生情况(学情)的了解甚至对教学过程的合理设计水平。由于信息技术快速发展的特点,这种对教学内容的选择及整合能力对于信息技术教学来说就显得非常重要。

早在 2012 年 6 月,我就根据我校学生实际情况和当时高中信息技术课程教学情况,对高中信息技术课程教学制订了科学的实施计划,不但进行了信息技术必修内容和选修教学内容的调整与整合,信息技术教学与数学的整合教学实践研究,还将信息技术相关竞赛内容引入教学之中。这些举措大大丰富了信息技术课堂教学内容,适应信息技术发展的需求,使信息技术课堂内容站在时代的最前沿,提升了信息技术课程的价值。当时我们选用的教材是中国地图出版社出版的普通高中课程标准实验教科书《信息技术》必修和相关选修教材。

2019 年是 2017 版《普通高中信息技术课程标准》颁布第二年,也是使用依据新课标编写的新教材第一年。认真研读课标、认真学习新教材,根据自己学校学情做好新教材内容的取舍与整合,全面规划高中阶段信息技术教学内容,实现提升学生学科核心素养的目须给予足够的重视。

接下来呈现的是从 2012 年起我对高中信息技术教学内容整合及调整的实践和探索。

高一信息技术课程整合结构及项目选修课设置

一、单一学科内整合

1. 联结式整合

如图 1 所示,我们在第一学期结合必修模块的学习,将选修模块"网络技术应用"与必修模块中的第二单元"有效获取信息"整合。在必修的第二单元中有网络的基本知识的内容,但在网络 IP 地址以及其他基本知识方面很欠缺,选修模块中这部分内容很充实。为了让学生了解更多的网络基础知识,更好地利用网络为自己的学习生活服务,因此,将这两个部分整合进行学习。

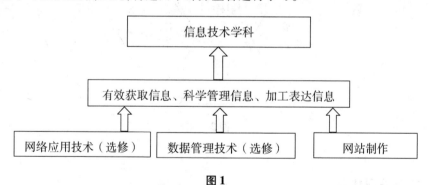

图 1

在必修模块的科学管理信息部分只讲到了一些数据库管理的基本概念,更加详细的数据库构建以及管理等内容均体现在选修模块"数据管理技术"中。因此,在教学中将选修模块"科学管理信息"与必修模块第三单元的"科学管理信息"进行整合,以使学生具备完整的数据管理技术。

必修模块中的第四单元"加工表达信息"与选修模块"网络技术应用"中的网站制作这两部分内容属于重复部分,因此将这两个教学内容相整合。

2. 巢穴式整合

如图2所示,在学习网站制作时,涉及的知识面很广。首先学生不可避免地要在网上搜索一些文字或图片作为引用的内容,这就需要学习网络搜索的相关知识。而在运用这些文字及图片时要学会负责任地引用,这就涉及网络的相关道德、法律法规的学习。在网页中使用图片时要对图片进行一些相应的处理才能满足要求。因此,需要掌握 Photoshop 图片处理的相关操作。如果网页中还需要有背景音乐或视频文件,学生还需要掌握声音编辑及视频编辑的基本操作。而网页本身就是 HTML 语言组成的,要制作出有特殊效果和吸引人的网页还必须掌握一些 HTML 语言的相关知识。

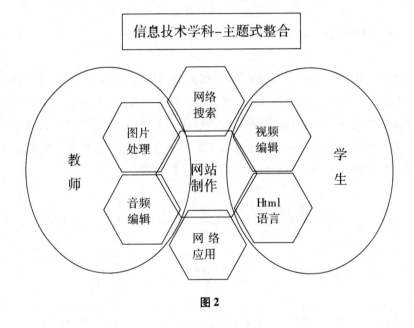

图2

二、跨学科整合

跨学科共享式整合,如图3所示,在算法与程序设计教学中涉及与数学、英语及语文3个学科的整合。算法与程序设计中的一部分教学内容与高中数学必修三中的程序框图的单元有重合的部分,将二者进行整合教学可以起到互补的作用,学生在数学课上学习了框图的基本理论,理解了顺序结构、分支结构及循环结构的程序设计,在信息技术课程中借助 VB 程序语言将以上程序框图在计算机上实现,使学生对程序设计有一个完整的认识,完善学生的知识结构。而在程序设计过程中语句的撰写需要用到很多单词,这是与英语整合的内容;学生在编写程序的过程中需要正确理解题目的含义,这是与语文学科整合的内容。

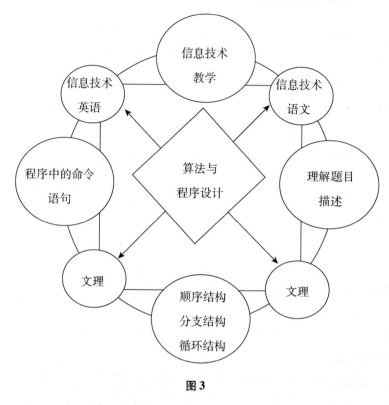

图3

三、项目选修课介绍

1. 信息世界探密

(1)课程目标

本课程学习 C 语言程序设计,学习常见的基本算法。学习利用基本算法解决实际问题。学习单片机机器人的组装,单片机机器人的控制,即避障、走黑线等操作。培养学生利用程序控制设备的能力,领会高科技技术给人们学习、生活带来的变化,感受高科技的魅力。

(2)适合人群

初一、初二、高一对编写程序感兴趣的学生。

(3)课程内容

第 1 课时:单片机简介

第 2 课时:接线,体验程序驱动机器

第 3 课时:认识单片机

第 4 课时:控制 LED 灯

第 5 课时:控制数码管

第 6 课时:利用开关控制 LED 灯和数码管

第 7 课时:组装小车

第 8 课时:小车前行

第 9 课时:小车拐弯

第 10 课时:碰撞传感器控制小车运动

第 11 课时:碰撞传感器控制小车运动(2)

第 12 课时:声音控制

第 13 课时:小车走黑线

第 14 课时:小车走黑线(2)

第 15～16 课时:创意设计

第 17～28 课时:scratch 软件与传感器

第 29～30 课时:创意设计

(4)教学形式

教师讲解、演示,学生互帮互学以及学生自主练习相结合的方式。

(5)课程评价

多种评价方式相结合的评价。平时上课听讲状态,课堂任务完成情况,期中创意设计作品,期末创意设计作品,创意设计作品参与创新大赛等比赛获奖情况。

(6)预期效果

优秀学生课堂作业展示,学生编程能力提高。

2. 数码摄影

(1)课程目标

掌握摄影的基本技术,掌握处理数码照片的基本方法,每学期至少上交两次作业(指定要求的照片),每学期末上交一张照片,通过拍摄照片学会从多个角度观察世界,通过欣赏与分析照片提高审美能力和创造能力。

(2)适合人群

初一、初二、高一对摄影感兴趣的学生。

(3)课程内容(略)

(4)教学形式

以摄影实践和照片分析为主要方式,分析照片与摄影基本理论穿插融合,在电脑上完成数码照片的后期处理,每学期两次外出摄影或者参观活动。

（5）课程评价

出勤情况，平时作业，期末作业。

（6）预期效果

提高学生的审美能力，拍摄出精美的照片。

3. 虚拟机器人

（1）课程目标

学生掌握虚拟机器人的构造技术，掌握计算机编程的基本知识，掌握 C 语言编程，了解当前科技领域的相关知识。

（2）适合人群

初一、初二、高一学生。

（3）课程内容（略）

（4）教学形式

在教学过程中，注意引导学生自主学习，鼓励学生之间互相讨论。

（5）课程评价

出勤情况，平时作业，期末作业。

（6）预期效果

掌握 C 语言编写程序，参加青少年计算机表演赛。

北京市日坛中学高中《信息技术》
课程改革实施计划

一、指导思想

新课程把对学生的全面发展和个性培养的要求结合起来,重视了学生基础知识的掌握和基本素质的提高,强调学生创新精神、实践能力的培养,使学生能很好地适应社会生活,体现了时代对每个公民的要求和以学生发展为本的目标取向。

《技术课程标准》中提到高中信息技术课程的基本理念:高中信息技术以提高学生的信息素养为宗旨,强调通过合作解决实际问题,让学生在信息的获取、加工、管理、表达与交流的过程中,掌握信息技术,感受信息文化,增强信息意识,内化信息伦理,使高中学生发展为适应信息时代要求的具有良好信息素养的公民。

课程标准还强调学生在学习过程中的自主选择和自我设计,提供通过课程内容的合理延伸或拓展,充分挖掘学生的潜力,实现学生个性化发展。

因此,根据我校高中信息技术教学的实际情况,探索并构建具有我校自己特色的、为学生提供更多选择,从而促进学生全面发展的信息技术课程模式。

二、实施背景

在此之前,我校信息技术课程在高中一年级开设一学年,每周两课时。第一学期学习必修模块《信息技术基础》,第二学期学习选修模块《多媒体技术应用》。实际上,高中信息技术教材除了《信息技术基础》必修模块外,还包括《算法与程序设计》《多媒体技术应用》《网络技术应用》《数据管理技术》《人工智能初步》5个选修模块。

高中生信息技术学分的基本要求:修完必修模块的2学分,其他几个选修模块任选至少任选一个得2学分。我校作为市级示范校,应该尽最大努力为学生开足开全这些选修模块,为学生提供多种选择的机会,使学生在自己兴趣范围内学到更多的信息技术知识,为他们更好地适应信息社会打下良好的基础。

另外,从教学内容上来说,现有教材的必修模块某些部分教学内容存在与选修模块重复的情况。如在必修模块中的加工表达信息部分有学生制作网站的教学内容,在选修模块《网络技术应用》中的第四单元也是构建网站的内容,在选修模块《多媒体技术应用》模块中还有构建网站的内容。因此,完全可以将这几部分整合在一起进行教学。

根据我校学生的实际情况,我在教学中将必修模块中的数据库部分进行了一些拓展,学生很感兴趣。作为示范校的学生,大部分学生对信息技术学习有浓厚的学习兴趣。有必要在他们掌握基本的信息技术基础知识的基础上,为他们提供更多的选择,使学生根据自己的兴趣选择不同的学习内容,促进学生的全面发展,特提出课程设置安排及内容改革方案。

三、课程目标

1. 总目标

普通高中信息技术课程的总目标是提升学生的信息素养。学生的信息素养表现:对信息的获取、加工、管理、表达与交流的能力;对信息及信息活动的过程、方法、结果进行评价的能力;发表观点、交流思想、开展合作并解决学习和生活中实际问题的能力;遵守相关的伦理道德与法律法规,形成与信息社会相适应的价值观和责任感。

2. 课程具体目标

(1)必修——《信息技术基础》

《信息技术基础》是必修模块,本模块以信息处理为主线,围绕学生的学习与生活需求,强调信息技术与社会实践的相互作用。本模块是高中学生信息素养提升的基础,也是学习各选修模块的前提,具有普遍价值。

通过本模块的学习,学生应该掌握信息的获取、加工、管理、表达与交流的基本方法;能够根据需要选择适当的信息技术交流思想,开展合作,解决日常生活、学习中的实际问题;理解信息技术对社会发展的影响,明确社会成员应承担的责任,形成与信息化社会相适应的价值观。

(2)选修——《算法与程序设计》

本模块旨在使学生进一步体验算法思想,了解算法和程序设计在解决问题过程中的地位和作用;能从简单问题出发,设计解决问题的算法,并能初步使用一种程序设计语言编制程序实现算法解决问题。

（3）选修——《多媒体技术应用》

通过本模块的学习，学生应该在亲身体验的过程中认识多媒体技术培训对人类生活、社会发展的影响；学会对不同来源的媒体素材进行甄别和选择；初步了解多媒体信息采集、加工原理，掌握应用多媒体技术促进交流并解决实际问题的思想与方法；初步具备根据主题表达的要求，规划、设计制作多媒体作品的能力。

（4）选修——《网络技术应用》

本模块介绍网络的基本功能和因特网的主要应用。通过本模块的学习，学生应掌握网络的基础知识和基本应用技能；掌握网站设计、制作的基本技术与评价方法；体验网络给人们的生活、学习带来的变化。

（5）选修——《数据管理技术》

数据管理技术已经在各个领域得到应用，广泛地渗透到人们的社会生活之中。本模块是针对数据管理技术应用而设置的选修模块。

通过本模块的学习，学生应该掌握数据管理的基础知识和数据库的一般方法，学会使用大型专业数据库，初步学会使用数据库技术管理信息，处理日常学习与生活中的问题，体验并认识数据管理技术对人类社会生活的重要影响。

四、基本情况

1. 教学设施

高中部校区共有三个年级（初一、初二、高一）的学生需上信息技术课程。有3个计算机网络教室供信息技术教学使用。

2. 学生及师资情况分析

本校区需开设信息技术课的学生：初一年级六个班，初二年级六个班，高一年级八个班。

专职信息技术教师有四名，其中有三名具有计算机相关的硕士学位，师资力量为接下来开设选修模块奠定了基础。经过教研组讨论，对各教学模块进行了分工。

五、高一《信息技术》课程改革方案设计思路

1. 改变教学组织形式

教研组教师多次讨论，认真学习、领悟《课程标准》精神和信息技术课程改革精神，探索并构建具有我校特色的、促进学生全面发展及个性发展的高中《信息技术》课程，并积极参与课程的实施。

根据学生的兴趣、爱好，拟采取"二选三"的形式，即为高一年级8个班每两个

班同时提供3门选修模块,学生根据自己的兴趣爱好进行选择。按学生的选择重新编班进行教学。

2. 构建日坛中学高中《信息技术课程》内容的框架

根据《课程标准》的要求,结合本校条件以及学生兴趣愿望,可开设的学习内容分为必修和选修。

必修模块教学内容:认识信息世界、有效获取信息,并将《网络技术应用》选修模块中的网络探秘、加盟因特网、畅游因特网等相关内容融合到这部分来学习。

提供3个选修模块:《多媒体技术》《算法与程序设计》《数据管理技术》。

3. 课程资源的利用和开发

根据学校的实际情况,以适应和满足高中学生身心发展需要,应加强对教材的二次加工和再改造。

比如,《数据库管理》技术选修模块可以适当扩展动态网站的教学内容。《多媒体技术》教学要与各项信息技术作品征集活动结合。《算法与程序设计》与高一数据相关内容整合,还可以与信息学奥赛结合,为学有余力的学生提供更多展示的机会。

六、评价方法

采用多样化的评价方法

（1）会考

所有高一学生在第二学期期末根据朝阳区的安排统一参加北京市信息技术会考。

（2）各学期的期中、期末考试

每学期安排期中、期末考试,考试形式可以根据教学内容灵活设置。可以是作品考试,也可以是纸质考试形式。

（3）每节课的课堂作业及任务

每节课上机的课堂作业也是评价的一个方面,教师据此给出学生的平时成绩。

（4）学期成绩

学期成绩为期中占30%、期末占40%、平时占30%。

（5）参与信息技术相关竞赛所获奖项

将学生参与相关信息技术竞赛所获奖项作为评价因素之一,为学生的期末成绩加适当分数。

七、教材选择及购买建议

必修模块和选修模块中《多媒体技术应用》的教材由每位学生需购买,选修模块中《算法与程序设计》《数据库管理》《网络技术应用》的三种教材由学校按两个班的数量购买,作为循环教材使用。

全年级学生:《信息技术》,必修,中国地图出版社

《多媒体技术应用》,必修,中国地图出版社

两个班学生数量,放在两个机房供学生循环使用:

《算法与程序设计》,选修1,广东教育出版社

《数据管理技术》,选修4,中国地图出版社

《网络技术应用》,选修3,中国地图出版社

2012 年 6 月

以学生为中心的信息技术课程及实施

——在北京市基础教育教科研室组织的教学研讨会上的发言

一、教学内容设置

1. 课标为依据和导向

高中信息技术课程的基本理念指出信息技术学科的总任务:

(1)提高信息素养,培养信息时代的合格公民

高中信息技术课程以提高学生的信息素养为宗旨,强调通用合作解决实际付款价格,让学生在信息的获取、加工、管理、表达与交流的过程中,掌握信息技术、感受信息文化、增强信息意识,内化信息伦理,使高中学生发展为适应信息时代要求的具有良好信息素养的公民。

(2)营造良好的信息环境,打造终身学习的平台

整合教育资源,为高中学生提供必备的软、硬件条件和积极健康的信息内容,营造良好的信息氛围;既关注当前的学习,更重视可持续发展,为学生打造终身学习的平台。

(3)关注全体学生,建设有特色的信息技术课程

充分考虑高中学生起点水平及个性方面的差异,强调学生在学习过程中的自主选择和自我设计;充分挖掘学生的潜力,实现学生个性化发展。

(4)培养解决问题的能力,倡导运用信息技术进行创新实践

强调结合高中学生的生活和学习实际设计问题,让学生在活动过程中掌握应用信息技术解决问题的思想和方法;鼓励学生将所学的信息技术积极地应用到生产、生活乃至信息技术革新等各项实践活动中去,在实践中创新,在创新中实践。

(5)注重交流与合作,共同建构健康的信息文化

鼓励学生结合生活和学习实际,选择合适的信息技术,恰当地表达自己的思想,进行广泛的交流与合作,在此过程中共享思路、激发灵感、反思自我、增进友

谊,共同建构健康的信息文化。

高中信息技术课程模块设置如下:

```
┌─────────────────────────┐
│       信息技术基础        │
└───────────┬─────────────┘
            ↓
┌────┬────┬────┬────┬────┐
│选  │选  │选  │选  │选  │
│修  │修  │修  │修  │修  │
│1   │2   │3   │4   │5   │
│算  │多  │网  │数  │人  │
│法  │媒  │络  │据  │工  │
│与  │体  │技  │管  │智  │
│程  │技  │术  │理  │能  │
│序  │术  │应  │技  │初  │
│设  │应  │用  │术  │步  │
│计  │用  │    │    │    │
└────┴────┴────┴────┴────┘
```

关于学业成绩的认定:修满4学分是取得高中毕业资格的最低要求,其中必修2学分,选修2学分。建议有兴趣、有潜能的高中学生再加修若干学分,为今后发展创造条件。

我们现在使用的教材是祝智庭教授主编的地图出版社出版的普通高中课程标准实验教科书。在必修模块中有四个单元和一个拓展活动,其中第二个单元和第三个单元分别是有效获取信息和科学管理信息。在有效获取信息单元中设置了三节内容,第一节获取信息的渠道,第二节网上获取信息的策略,第三节甄别信息的方法。这些内容的设置本意是使学生学会获取信息,学会负责任地使用网络以及学会信息甄别的方法,但从具体内容上来看,只是泛泛地讲到了一些方法和政策,其中的事例也比较老旧。与信息技术的发展和学生的需求极端不相适应。信息的获取和鉴别需要一定的技术支撑,在选修模块3《网络技术应用》中比较详细设置了网络的基础、搜索引擎的工作原理以及网络安全的相关知识。因此,我们在学习有效获取信息时将选修3这个模块与之相融合,学习技术的同时提高学生的责任感和安全意识,教学效果非常好。

2.学生的现状及需求为依据

每学年高一开课前,我们都对我校学生做调查问卷,以了解学生初中学习信息技术开课情况和学生的学习情况以及他们对高中信息技术课程的期望和爱好等。

通过对调查数据的分析,我们会对本届学生的信息技术学习情况等方面有一个全面的了解。我们发现我校学生来自不同的学校,每个学校之前开设的信息技术课程教学内容都有所不同。绝大部分学生在初中已经学习过 PPT、Word、Excel、网页制作、Photoshop 等应用软件,而对于程序设计语言则没有涉及。对于稍微专业一点的问题,比如 RGB 函数的理解,则只有极少的同学能够回答正确。这一方面是因为学生已经很长时间没有上过信息技术课程了(所有学校初三都没有开设信息技术课程),学生的注意力都集中在中考科目上。另一方面也说明学生缺乏程序设计、算法方面的学习。

调查数据为我们对课程内容的设置以及教学方式的选择提供了依据。

3. 计算机程序及算法思维为教学核心

我一直在思考我们信息技术课程到底主要应该教给学生什么,北京市基础教育教科研室信息技术教研员王振强老师发表在 2015 年 5 月《中小学信息技术教育》上的文章"信息素养作为课程的唯一目标已不再适宜"给了我特别大的启发。在这篇文章中,王老师认为信息素养概念内容较为模糊,人们对信息素养的理解差异巨大。一线教师设计出来的认识信息与信息技术、作品规划设计等类型的课例,往往脱离信息技术主线,不知所云,对学生的信息技术实践缺乏有效的正面影响。另外,信息技术作为学生终身发展过程中的重要素养,难以在信息技术课程中独立培养形成。信息素养对信息技术学科专业领域中的技术思想方法这一核心价值体现不够充分。而信息领域中的思想方法内容非常丰富,如"多次循环""枚举""递归"等算法,与计算机工作特性极度吻合;"A = A + 1"语句格式,体现事物的运动变化过程;将"结构化、模块化编程""并行运算""读写缓冲""数据索引"等思想方法应用于现实生活,可以大大提高工作效率等,王老师在文章中列举了许多算法的思想与学生生活、思维紧密联系,强调要加强学科教学的专业性,提倡重新梳理具有信息技术学科特色、在其他学科课程中难以深入揭示的思想方法,使信息技术教学更加适应社会发展、教育发展以及学生发展的需要。

另外,浙江省的高考试点改革,7 选 3,这个 7 中除了数理化史地政以外就是技术。在信息技术课程中,除了必修模块以外,他们就选择了选修模块中的算法与程序设计模块,虽然出版社不同,但算法与程序设计模块使用的是 VB 程序设计语言,涵盖了典型的算法思想。

虽然新课标还没有公布,但是我们从网上还有其他一些渠道得到的信息表明,算法思维应该成为高中信息技术课程的核心教学内容。

因此,从 2013—2014 学年开始,我校学生在高一年级第一学期除了学习必修模块的信息技术基础,以及与网络及其应用整合的有效获取信息以外,引入了算法与程序设计的教学内容,将这部分内容与高中数学必修三中的"程序框图"相融合,与数学中的 QB 语言相适应,我们选择了入门相对容易的 VB 程序设计语言。这样的设置完善了学生的知识体系,加强了学科之间的合作和融合。

4. 与课外竞赛相结合,充实教学内容

在教学内容的设置上,我们还有意引入了一些竞赛内容,如全国青少年计算机表演赛。它的比赛项目有中英文打字比赛、网络搜索赛以及虚拟机器人比赛。

这些比赛项目以及题目的设置都是经过专业团队设计制作出来的,对于我们中小学生学习信息技术有很大的帮助作用。我们在学习计算机基础时,利用这个比赛提供的平台引导学生进行中英文打字比赛,在学习网络搜索时,组织学生进行命题搜索赛。

在第二学期,学生在学习了基本的程序设计和算法的基础上,在教学中引入虚拟机器人比赛。还引导学有余力的学生参加其他高端比赛。

与这个竞赛结合极大地丰富了我们高中信息技术教学内容,使我们的课堂充满活力。

5. 校本课程、课外活动为有力补充和扩展(Scratch、朝阳区自主开发的单片机机器人、传统机器人校本课程等)

校本课程、课外活动是我们信息技术课程的有力补充,为学生的创意制作提供了平台。

信息学奥赛辅导为对编程有特殊兴趣的学生提供了用武之地。

我们除了为学生开设传统的机器人选修课、数码摄影选修课外。还为学生开设了 Scratch 程序设计选修课和课外活动,引入了喵爪公司的百宝盒子,程序设计与硬件结合,开阔了学生的视野,为学生的创新提供了机会。

我们还引进了朝阳分院自主开发的单片机机器人。这款产品包括主板、输入输出板以及一些组装机器人小车的零件,学生首先学习主板和输入输出板的用法,利用 C 语言开发程序。仅小小的输入输出板就会引申出无限的创意。有的学生做出了计时器,有的学生做出了莫尔斯密码机,等等。在此基础上,学生理解了各种传感器的作用以及工作原理,对于智能化环境有了新的认识和体验。

构建了以程序设计和算法为核心的具有我校特色、适合学生全面发展的信息技术课程体系。

基本课程	第一学期	第二学期
必修与选修整合	信息技术基础(必修) 整合：网络技术应用、算法与程序设计(整合数学必修三教学内容) (全体学生按原班组织学习)	算法与程序设计应用(虚拟机器人、单片机机器人) 多媒体技术应用(图片处理、声音处理、视频编辑) (两个班混合再按兴趣分别上课学习)
与课外竞赛整合	在信息技术基础部分结合全国青少年计算机表演赛中的中英文打字比赛,在网络技术应用部分学习中结合其中的网络搜索比赛	1. 全国青少年计算机表演赛(虚拟机器人教学) 2. 多媒体模块学习中学生作品参与朝阳区及北京市计算机作品大赛

经过以上调整和安排,既考虑到学生的学习兴趣,也顾及了班级中不同学生之间的差异,为学有余力的学生提供更多的参与竞赛的机会,全面提高学生的整体信息素养。

二、学生学习方式灵活多样

1. 自主学习——微课

基于学生的层次参差不齐的情况,我们大力提倡和实施微课应用于信息技术教学中。课前老师将重点、难点等录成微视频的形式,并设置相应的配套练习。上课时发给学生,学生根据自己的学习步调进行学习,老师再针对学生出现的问题进行有针对性的辅导。

通过这种形式我们已经进行了两轮的教学实验,提高了教学效率,有效地解决了学生的差异问题。

2. 个性化学习、混合式学习——超星慕课平台

我们还与慕课平台结合,将微课视频以及相应的学习目标、学习指导等利用超星慕课平台呈现,这个平台还能提供讨论等功能,老师能通过后台的数据及时了解学生的学习情况,为后续的教学打下良好的基础。

另外,我们还注意组织、引导学生的探究学习和合作学习,在网络应用教学中,学生根据自己的兴趣选择相应的探究问题进行了网络探究活动并做汇报展示,而在学生制作综合作品等环节引导学生进行了合作学习的体验。

三、学习效果

1. 会考成绩

从三年信息技术会考数据可以看出,学生会考优秀率出现飞跃式增长的时间正是我们开始实施教学内容整合的实践以后,在第二轮实验中各班会考优秀率基本稳定在高位。

另一方面,由于做好了课程内容的整合,信息技术课程内容更充实了,学生的学习劲头也很足,从根本上改变了一部分同学认为信息课就是休闲课、信息课就可以做主科作业的想法。对信息技术感兴趣的学生多起来,在信息技术方面获奖的学生数量也大大增加。在课堂上总有很多有益的事情等着学生探索,每个人都会有事做,无所事事的现象没有了。在与数学整合的过程中,尤其是感觉带着数学书上信息课感到特别有趣,他们头脑中学科之间存在界限有所消除。

2. 师生获奖

近三年来,技术教研组教师发表论文、获得各项奖励等一百余项。学生获得各项奖励一百余项。

3. 学生感悟

同学一:

在这十几节课程中,我学会了多种计算机编程的方式以及关于虚拟机器人的知识,在这之中我既学到了许多知识,又获得很多欢乐。我最喜爱的是关于机器人的制作,看着机器人在电脑前按照自己想象的画面动起来,真是一件很有成就感的事。好像它可以获取我的思维,走各种各样的线路,做各种各样的动作。

当然,说起我收获最大的还是关于计算机的算法方面,以往我对计算机的理解仅限于 Word 文档之类的东西,但是当我接触了算法,就好像是接触了全新的世界,在这个计算机世界,一个个程序应运而生。在课上会遇到不懂的问题,也会产生新奇的创意,我常常向别人请教或者是与别人分享。其中我印象最深的一节课就是算法上制作万花筒的一节课,当我看见老师的视频中一个个恍若奇幻的形状出现在眼前,心中一颤,觉得何其的复杂。但是当看到老师的教学视频时感觉那么的简单,而当自己亲身做的时候才发现又并不是那么简单,这一不断的心理变化表现让我更加感受到计算机编程带给我的种种乐趣。

同学二:

结合数学书的这种方法本来是让我很惊讶的,因为个人不是很喜欢数学。原本以为信息课也会变得很无聊,但是恰恰相反。这几节课上下来让我真正感受到把书上的习题变成实践是什么感觉,也让我明白了学习程序的意义。在把程序编完进行调试并成功的时候就深深地有一种成就感。很棒的课程,很赞的体验!

虚拟机器人,从搭建开始就需要动脑和细心,编写程序虽说不用记忆什么单词,但是它需要有一定的逻辑思维,从编写机器人的程序可以看出一个人的逻辑思维能力。同样一个程序,方法很多,写出来的难易程度也不一样,所以学习虚拟机器人的过程很好地培养了我的逻辑思维能力。

同学三:

用微课学习是我在学习过程中第一次接触这样的方式,这种方式在学习的过程中好处就是,感觉像是一对一的教学,有没听清的地方或者没看明白、没看清的地方,可以反复地通过视频,反复地看,直到明白为止。同时我还感觉到用微课来学习需要很强的自主性。遇到不明白的问题,我通过问旁边的同学和老师弄明白了。

四、存在的问题及展望

经过以上近三轮的实践探索,我们发现也存在一些问题。

(1)算法与程序设计以及多媒体教学全部放在第二学期,课时明显不够,多媒体教学课时很少,不能完成基本教学内容要求。

(2)这种教学内容的调整,在大幅度提高学生的优秀率方面起到很大的作用,但并没有真正考虑学生的兴趣,在教学组织方式上存在"一刀切"的现象,虽然也考虑到了班与班之间的差异,但没有能够实现学生按照自己的兴趣选择选修模块的学习。

因此,打算下一学年改变教学组织形式,为学生提供更多的选择,以适应学生的个性化发展。

在第一学期采取的是传统的面向全体的必修模块的学习,学生按照原班级为单位进行学习。

第二学期,两个班混合起来,学生从《算法应用》及《多媒体》两个模块中任选一个分开进行学习。

以上就是我的汇报,希望得到各位领导专家的指导与帮助,谢谢大家!

2016 年 6 月

高中信息技术高效课堂之教学内容
调整的研究与实践

引言

20世纪80年代初我国的领导人就提出了"计算机的普及从娃娃抓起",从那以后我国中小学信息技术教育得到了政府的大力扶植,因此信息技术教育在短短几十年中发展迅猛[1]。但是毕竟信息技术这门课程相对于其他传统学科来说正式进入课堂的时间不是太长,再加上信息技术课程自身的特点,这门学科在发展的过程中遇到了瓶颈。在这种背景下,如何有效地组织教学工作,打造高效课堂,提升学生的信息素养是摆在高中信息技术教师面前亟须解决的问题。

一、什么是高效课堂

在当今的中小学教育中,高效课堂这个概念越来越被我们熟知,但是虽然这个词已经成为一个热门普及的词汇,但是它的真正含义往往被很多教育工作者曲解[2]。真正的高效课堂体现在三个方面:"效果""效率"和"负效"。通过这三个方面的营造能利用有限的教学资源和时间来取得教学效果的最大化,最终在整体上提升学生的能力。

二、全面深入的学情分析

为了对高一学生的信息技术基础以及他们在初中的信息技术学习情况有进一步的了解,我们通过调查问卷的形式对高一年级全体同学进行了调查。

1. 调查问卷基本数据表格

问卷从以下几个方面对学生进行调查,到目前为止,我们已对高一年级的6个班进行了调查。从初步的调查数据分析来看:

(1)初中阶段信息技术课程开课情况:高一学生中大部分在初中阶段都上过

信息技术课程的,比例达到75%。

(2)学生在初中阶段参加计算机竞赛情况:在初中参加过计算机方面竞赛的学生比例较低,仅占17%。

(3)学生自己对计算机操作水平的评价:认为自己操作很熟练或比较熟练的学生比例占47%,认为自己操作水平一般的占47%,认为自己操作很差或较差的占6%。

(4)学生对计算机专业知识的掌握情况:从涉及RGB颜色和程序设计的两道题目答题情况来看,学生在信息技术专业知识方面相当欠缺。

(5)学生感兴趣的选修模块:想学关于网络技术的应用知识与同学的50%,想学多媒体技术的同学占30%,想学算法与程序设计的技术的同学占15%,想学数据库管理的技术的同学占5%。

2.学生基本情况分析

从以上问卷数据看来,学生家里电脑已经普及,并且基本具备上网条件,基本上所有同学在初中都学习过信息技术课程,其中大部分同学在初一、初二学习了两个学年。大部分同学没参加与过信息技术相关的竞赛活动。仅有极少数同学表示不喜欢上信息技术课。学生计算机的操作水平大部分为一般或比较熟练。对于一些基本的计算机专业方面的一些知识大部分同学不太了解。

三、通过教学内容调整实现高效

新课标理念的解析和学情的深度分析是我们提升课堂高效的基础,过教学内容调整要紧紧地以此为基础,这样我们才能有的放矢地去实现目标。

1.高中信息技术课程整体框架

在整个高中课程的框架之下,高中信息技术课程有4个必修学分。为了充分表达对学生多样化选择的支持,新课标将课程分为必修课与选修课两个部分,共6个模块,每个模块2学分。必修部分只有"信息技术基础"一个模块,它与九年义务阶段相互衔接,既是信息素养培养的基础,又是后续选修模块的前提。选修部分包括"多媒体技术应用""网络技术应用""数据管理技术""算法与程序技术"和"人工智能初步"5个模块。

2.课程内容调整

基于以上学情分析以及我们学校教师的具体情况,我校信息组经过讨论把高一信息技术教学设置如下。

在保证学生在掌握必修模块以及一个选修模块的基础上,弹性设置相关教学内容,为学有余力的学生适当增加"数据库管理技术"以及"算法与程序设计"等选修模块的内容。另外,由于我们学校高一年级分班时就考虑到了学生学习能力等一些基本情况,高一8个班共分为三个梯度,分别为高、中、低。在教学内容上再根据不同的班级学生的学习情况适当增减学习内容。

第一学期:

以必修模块为依据,在"有效获取信息"单元结合"网络技术应用"选修模块进行教学。在整个年级所有班的信息技术教学中结合网络应用模块的学习,充实教学法内容,以适应学生的需求。

在"科学管理信息"单元结合"数据库管理技术"选修模块的内容。高一梯度高的班多渗透数据库管理的理论知识,高一梯度中等班可以适当降低难度,了解一些基本的数据库概念,会创建基本关系型数据库即可。高一梯度低一些的班级同学可以了解数据库相关概念,知道数据库的作用即可。对于在某一方面有特长的学生加强个别辅导,为其争取参加各级各类计算机竞赛,取得成绩。

第二学期:

以"多媒体技术"选修模块为依据,根据班级情况适当增加"算法与程序设计"选修模块的内容,进行教学。高一梯度高的班以VB语言为基础多学习一些算法思想,了解用计算机解决实际问题的基本思路。

3. 教学实施建议

(1)夯实信息技术基础概念

第一学期前三节课在教室上课,讲解信息以及信息技术的基本概念,夯实信息技术的基本理论方法,使学生掌握基本的计算机的工作原理以及二进制、十进制和文件容量等概念。

(2)改变教学方式

从第四节课开始在机房上课,根据教学内容适当减少老师讲课的时间,把大量的时间留给学生进行操作。如结合网络应用模块深入学习网络基本原理及应用,穿插Word长文档的编辑使学生熟练使用文字编辑软件。以锻炼学生的学习能力、提高学生的信息素养为基本目的。根据所教班级学生情况为学生搭建进步成长的阶梯,使每一个学生在原有基础上都有所进步。

(3)重塑学生学习观念

一些学生没有从思想上认识到信息技术课程的重要性,存在着"信息技术课就是上网课,娱乐课"的错误观念[3]。因此要引导学生改变学习方式,在课上充分利用互联网引导学生遇到问题自己利用互联网解决,培养学生勤思考、多动手,主动解决在学习过程中遇到的问题。

普通高中信息技术课程的总目标是提升学生的信息素养。学生的信息素养表现:对信息的获取、加工、管理、表达与交流的能力,形成与信息社会相适应的价值观和责任感。通过教学内容的调整提高了信息技术教学水平,从而打造了一个具有信息技术特色的高校课堂。

参考文献:

[1] 张青. 现行高中信息技术教材述评[J]. 课程·教材·教法,2005(2):59-64.

[2] 徐曼. 高中信息技术课程实施的问题与分析[J]. 中小学电教,2009(6):33-35.

[3] 洪毅. 高中信息技术"高效课堂"的打造[J]. 高效课堂研究成果,2012(26):93-94.

信息技术教学与高中数学课程整合的
实践研究报告

一、课题核心概念的界定

高中信息技术:本文所指的高中信息技术指的是目前在高中阶段开设的《信息技术》课程。

教学:以课程内容为中介的教师教和学生学的共同活动。

整合(integration):一个系统内各要素之间的整体协调、相互渗透,使系统内各要素发挥最大效益。

二、国内外研究现状述评

我们以"信息技术、高中数学"为关键词在中国知网上进行了全文搜索,搜索到数篇在高中数学教学中应用信息技术以及信息技术与高中数学整合的文章。截至 2012 年 9 月 14 日,2012 年中国知网收录的相关文章约有 62 篇,2011 年收录的文章约有 52 篇,2010 年收录的文章约 30 篇。这些文章中研究信息技术与数学教学整合的文章约占一半。一些学位论文的作者进行了在整合中的教学模式的研究,有的学者进行了整合层次的研究,教学一线人员则进行了在高中数学课程中应用信息技术的实践研究。

从国内目前研究对象和研究内容上来看,绝大部分学者及一线教育工作者的研究集中在信息技术与数学课程的整合,即如何在数学课程中应用信息技术帮助学生理解数学思想,帮助学生建立数学思维,而如何利用技术课程来帮助师生进行数学学习的研究还是一片空白。

1.关于高中数学教学中应用信息技术的作用

(1)具有开阔教学空间、深化数学探究、强化个别化教学、降低教学难度、提高教学效率等多方面的作用和意义。

（2）信息技术可以帮助学生从被动学习转变为积极主动的探索。学生可以借助软件进行数学实验，对数学本质进行深入的探究、观察、归纳和分析，从而掌握数学规律。

（3）随着信息技术更多地走进数学课堂，为提高高中数学课堂教学的实效性起了十分重要的促进作用，激发了学生对高中数学学习的兴趣。

2. 信息技术在数学教学中的应用

信息技术在数学教学中的应用分为三个阶段：第一阶段是多媒体展示阶段，主要使用多媒体信息技术展示教学内容，使得教学内容更加生动、形象、直观；第二阶段是工具软件阶段，主要使用专业软件深入学科教学帮助学生加深对所学内容的理解和认识；第三阶段是网络交互阶段，主要利用网络加强师生间、生生间的交流、互动，共享资源，进行学习等。

经过调查发现，目前老师们在数学课程中对信息技术的应用还处于第一阶段，大部分数学老师没有更多的精力来进行一些软件的学习和自觉使用，学生已有的知识结构中也没有接触过一些相关辅助软件的学习。这些现象的存在都是高中数学课程与信息技术整合的障碍。而如何消除这些障碍，使信息技术在高中数学教学中发挥更大的作用，是一个特别值得关注的问题。

通用技术课程是近几年高中新课改时开设的一门全新课程，旨在培养学生的创新能力和技术素养，教给学生基本生存技巧和社会参与能力。通用技术与高中数学整合也是一个值得关注的话题。很遗憾的是在这方面的研究到目前为止还是一片空白，这方面值得尝试的地方还有很多。

三、选题意义及研究价值

教育部颁发的《基础教育课程改革纲要（试行）》在关于教学过程的阐述中提出："大力推进信息技术在教学过程中的普遍应用，促进信息技术与学科课程的整合，逐步实现教学内容的呈现方式、学生的学习方式、教师的教学方式和师生互动方式的变革，充分发挥信息技术的优势，为学生的学习和发展提供丰富多彩的教育环境和有力的学习工具。"

《普通高中数学课程标准（实验）》在课程基本理念部分指出："在保证笔算训练的前提下，尽可能使用科学型计算器、各种数学教育技术平台，加强数学教学与信息技术的结合，鼓励学生运用计算机、计算器等进行探索和发现。"

《普通高中技术课程标准（实验）》前言中提出普通高中技术课程以提高学生的技术素养、促进学生全面而又富有个性的发展为基本目标，着力发展学生以信息的交流与处理、技术的设计与应用为基础的技术实践能力。技术课程不仅注重学生对符合时代需要、与学生生活紧密联系的基础知识与基本操作技能的学习，而且注重学生对技术的思想和方法的领悟与应用，注重学生对技术的人文因素的感悟与理解，注重学生技术学习中的探究、试验与创造……技术课程具有高度的综合性，是对学科体系的超越。它强调各学科、各方面知识的联系与综合运用。学习中，学生不仅要综合运用已有的语文、数学、物理、化学、生物等学科知识，还要融合经济、法律、伦理、心理等方面的意识。学生的技术学习活动不仅是已有知识与技能的综合运用，也是新的知识与能力的综合学习。

信息技术的课程目标包括能熟练运用信息技术，通过有计划地、合理地信息加工进行创造性探索或解决实际问题，如辅助其他学科学习、完成信息作品等。

高中信息技术教材包括一本必修模块，5个选修模块，学生修满4学分是取得高中毕业资格的最低要求，其中必修2学分、选修2学分。这对于市级示范校的学生来说很容易达到最低要求。目前，国内选用最多的教材是地图版和广东版的两个版本，这两个版本在教学内容上的选修Ⅰ算法与程序设计，这与高中数学的一部分内容是相关的。在信息技术基础必修模块中，我们看到，教材中为教师留下了很大的空间来充实教学内容。这就使根据学生的实际情况来添加一些数学教学所需的教学内容成为一种可能。这样既丰富了技术课程的教学内容，也真正使学生体会到了技术的重要性，达到了学以致用，为师生利用技术这个工具更好地进行数学思维扫清了障碍。

在过去三年的教学中，我们已经根据自己学校的学生实际以及师资等情况，在高中数学课堂中应用信息技术方面做了有益的尝试，如图形计算器在函数教学中的使用等，试验老师在北京市教学基本功大赛中获得一等奖。

在信息技术课程中，我们加入了Excel表格处理软件的画图功能的学习，使之呈现函数的图像，为学生对数学规律的探究打下了基础，经过随后数学教师的教学实验获得了良好的效果。

在高中信息技术程序设计与算法模块教学中，与数学必修三中的程序框图相整合，为学生构建了一个完整的知识体系。

总结几年来的经验，我们发现，在高中技术课程中整合数学教学不但可以丰富技术课程的教学内容，还为数学教师更好地应用技术来解决数学教学中的一些问题做出了贡献，更重要的是可以将抽象思维变成形象的展示，学生通过自己动手制作或利用软件进行模拟对复杂问题进行探究。可以说本选题填补了目前在这方面的研究空白，为学生技术素养的提高和数学思维的形成起到了不可或缺的作用。

四、本课题的研究目标

(1)结合高中数学教学需求,丰富技术课程教学内容,提高学生技术素养。

(2)通过技术课程和数学教学之间的相互渗透整合,培养学生运用所学知识解决实际问题的能力。

五、本课题研究内容

(1)高中数学教学内容中需要信息技术提供教学帮助的内容。

(2)根据技术课程特点,针对以上需求,把相关教学内容引入信息技术课程中。

(3)信息技术课程以及高中数学教学整合的相关教学实践。

六、拟创新点

(1)通过对信息技术与中学数学课堂教学整合的实践研究,丰富技术课程教学内容,提高学生技术素养。

(2)通过信息技术中用软件来动态模拟数学知识原理,达到信息技术与高中数学教学的相互渗透整合,培养学生运用所学知识解决实际问题的能力。

七、研究思路及实施方法步骤

(1)查阅文献,了解国内外研究现状。

(2)对本校学生进行调查问卷,了解学生目前的信息素养情况。

(3)根据本校学生的实际信息技术素养以及学校现有的师资、物资等条件,设计信息技术课程教学内容,实施教学。

(4)高中数学老师在课堂上运用技术课程相关教学内容帮助学生理解抽象的数学概念及原理。

(5)总结实施效果,反思实施过程中存在的问题,在教学中改进、完善。

八、初步研究结论

我们知道,计算机和数学有着内在的、固有的密切关系。在数学教学中,借助计算机的直观形象,充分表现数学的动态性,为抽象思维提供直观形象,由于计算机有及时的反馈控制,增强了学生解决问题的主动性、独立性,能促进学生的个别化进程的实现。特别是函数图像与性质的教学,用好这一教学工具,会切实激发学生的学习兴趣,进而对函数图像有一个完整的认识,然后由感性认识上升到理性认识,最终升华为函数的性质。

随着计算机技术的发展,数学研究和应用在很大程度上依赖于计算机的实现。在高中阶段这样的整合教学有利于学生未来在数学方面和计算机方面的发展,激发学生的学习兴趣,使其开阔视野,更加深刻地认识数学知识在计算机方面的重要应用,更加深刻地理解数学和计算机科学的紧密结合。

经过三轮的教学研究实践,我们主要做了利用 Excel 绘制函数图像以及算法与程序设计模块教学中与数学框图的整合实践。在这些实践中,学生的知识架构得到了完整呈现,提高了他们利用信息技术解决数学问题的能力,打破了学科之间的界限,学生对学科之间的联系有了更深的理解。

(1)学生对数学在整个知识体系中的地位也有了更加深刻的理解。

(2)抽象化的数学知识形象化了,学生通过自己动手体验得到的结果,理解更深刻。

(3)丰富了信息技术课堂教学内容,对后续的信息技术教学帮助很大。

参考文献:

[1] 中国小学教学百科全书·教育卷[M]. 辽宁:沈阳出版社,1993.

[2] 孙杰远. 信息技术与课程整合[M]. 北京:北京大学出版社,2002:11 - 12.

[3] 刘超,王志军. 信息技术与高中数学课标教材整合的比较研究——以人教 A 版、北师大版、苏教版为例[J]. 中国数学教育高中版,2011(5):10 - 12.

[4] 胡凤娟,王万良,王尚志,等. 高中数学教师使用信息技术的现状调查[J]. 电脂教育研究,2011,214(2).

[5]《基础教育课程改革纲要(试行)》,中华人民共和国教育部制定,2001.

[6] 数学课程标准研制组. 数学课程标准(实验稿)[M]. 北京师范大学出版社,2001.

[7]《普通高中技术课程标准(实验)》,中华人民共和国教育部制定,2003.

基于学生核心素养培养的高中信息技术与数学整合案例

——以程序设计"选择结构"为例

目前,虽然新课标还没有发布,但关于信息技术学科核心素养的基本内容已经在网络上广为流传,信息技术学科核心素养包括以下四个方面:信息意识,计算思维,数字化学习与创新,信息社会责任。其中计算思维是指"个体在运用计算机科学领域的思想方法形成问题解决方案的过程中产生的一系列思维活动"。具备计算思维的学生在信息活动中能够采用计算机可以处理的方式界定问题、抽象特征、建立结构模型、合理组织数据;通过判断、分析与综合各种信息资源,运用合理的算法形成解决问题方案;总结利用计算机解决问题的过程与方法,并迁移到与之相关的其他问题解决之中。目前高中信息技术课程选修一就是《算法与程序设计》,在人教版高中必修三中有"程序框图"的教学模块。我们在教学过程中将信息技术选修一的教学内容与数学必修三中的"程序框图"部分做了整合的尝试,以下是程序"选择结构"部分的教学案例,此案例利用两个课时完成。

教学目标

知识与技能:知道选择结构的格式;知道关系表达式、逻辑表达式以及输入语句的使用方法。

过程与方法:学会分析选择结构的问题;学会选择结构的语句表达;学会逻辑表达式的运算基本运算。

情感态度与价值观:通过体验利用 VB 编写选择程序结构的程序来进一步体验利用计算机解决实际问题的过程以及解答高考数学题的过程,增强学习算法与程序设计的动力及兴趣。

教学重点、难点

重点:分析选择结构的问题,选择正确的算法。

难点:将选择结构的算法正确转换为计算机程序。

教学过程

一、教学导入

引导学生复习上节课学习内容,说明变量的特点,引出本节课的教学内容。

1.出示上节课小球交换的流程图,说明变量的特点是永远存储的是最新的"内容"。

2.说明交换小球的程序是顺序结构。

3.上节课我们编写的程序是从上到下一步一步执行的,中间没有任何分支的操作,而现实生活当中往往需要先做出判断再决定做什么。如今天如果下雨我就带伞,如果不下雨我就不带。这就是一个需要判断后再做决定的问题,解决这类问题需要另外一种程序设计的结构就是选择结构。这是我们这节课所要解决的问题。

设计意图:回顾前一节课学习内容,快速导入本节课要学习的内容。

二、新知学习

利用广播软件发放关于选择结构的微课,学生自行观看微课视频。

微课视频由日常生活的场景引入,进而讲解了常见选择结构的两种形式:

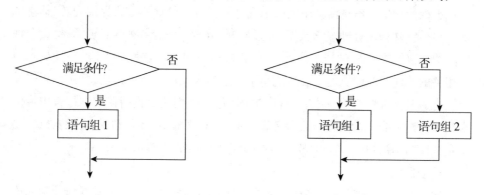

第一种判断是否满足条件,如果满足就执行语句组1,如果不满足就退出选择结构,执行其他语句。而第二种情况是如果不满足就执行语句组2。

接下来讲解了两种格式的选择结构语句形式:

第一种:

If 条件 Then 语句组 1 Else 语句组 2

第二种:

    if 条件　Then

        语句组 1

    Else

　　　　　语句组 2

　　　　End IF

　　如果选择结构是第一种情况时,Else 及后面的语句可以省略。

　　说明第一种格式是行 If 语句,第二种格式是块 If 语句,这两种写法都能达到分支判断的要求。

　　设计意图:学生自行认真利用微课学习,理解选择结构的原理及执行过程,了解选择结构语句的格式及写法。

　　三、实际问题分析及解决

　　教师出示"猜价格"游戏的案例,引导学生探究如何实现这个程序。

　　猜价格游戏:在文本框中输入猜测的价格,根据用户猜测的情况,当单击"确定"按钮时,就会显示"猜对了""猜低了""猜高了"相应的提示信息。

　　学生分组讨论程序的实现,首先观察程序的界面,有一个 U 盘的图片、一个文本框,还有一个"确定"按钮。

　　而程序的执行过程就是,当程序接收到用户输入文本框中的数据时,需要与即定的价格对比,如果比即定价格高就显示"猜高了",如果比即定价格低就显示"猜低了",如果猜对了就显示"猜对了"。

　　学生写出伪代码如下:

　　如果 text1. text = price then "猜对了"

　　如果 text1. text > price then "猜高了"

　　如果 text1. text < price then "猜低了"

　　接下来,学生尝试在电脑上实现这个程序,提示信息利用 MsgBox 函数来实现。

　　学生写出的程序如下:

　　If price < 150 then MsgBox("猜低了,再试试!")

　　If price > 150 then MsgBox("猜高了,再试试!")

　　If price < 150 then MsgBox("猜对了,你真厉害!")

　　此时,老师再提出请同学们讨论还有没有其他的选择结构来解决这个问题。学生讨论探究,根据前面学到的选择结构的形式,还可以利用 Else 分支来实现,于是写出下面的程序:

　　If price = 150 then

　　　　　　MsgBox("猜对了,你真厉害!")

　　Else

　　　　　　MsgBox("猜错了!")

End If

老师再引导学生比较以上两段程序的区别。学生说出:前面一个是行 IF 结构,后面一个是块 IF 结构。老师在肯定学生回答的基础上,引领学生分析第一段程序是三个并列的判断结构,而后一段程序是一个判断结构,如果从效率上来说当然一次判断比三次判断要节约时间,但后一段程序没有实现三种结果情况的提示,提醒学生修改后一段程序,完全实现题目要求的功能。

设计意图:教师利用这个简单的判断,引领学生分析实际问题利用 VB 程序解决的过程,在这个过程中学生会逐步熟悉选择结构的执行过程及语句格式要求。

四、数学问题分析解决

此题引自人教版《数学》必修三 P10 例 4,任意给定 3 个正实数,设计一个算法,判断这 3 个正实数为三条边边长的三角形是否存在,并画出这个算法的程序框图。

学生两人一组讨论,自主画出流程图并利用 VB 计算出结构。

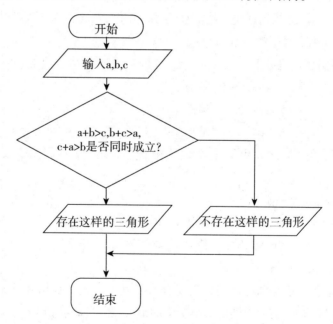

设计意图:进一步理解选择结构解决实际问题的过程,熟练掌握选择结构语句的写法。

五、拓展练习

该练习供学有余力的学生选做,选自人教版《数学》必修三 P27 例 7,编写程序,使任意输入的 3 个整数按从大到小的顺序输出。可以参照数学上的程序框图在 VB 上实现,引导学生思考还有没有其他解决方法,鼓励学生进行一题多解的尝试和练习。

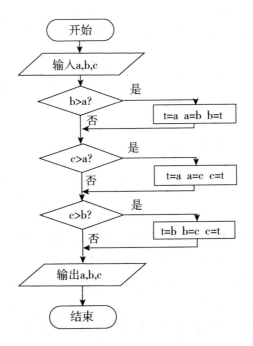

六、高考链接 2010 年高考题填空第 9 题。(略)

对于这道题,学生很快就能给出正确答案。

设计意图:给学生一种学科之间是一体的印象,哪门课都是重要的,而不只是高考科目。另外,也增强学生提高自己学习成绩的信心,提高学生学习程序设计的兴趣。

七、课堂小结

引导学生总结本节课所学主要内容。本节课我们学习了程序设计的选择结构,学习了 VB 的基本选择结构语句,利用选择结构解决了几个数学问题,同学们要熟练掌握关于这种结构的算法。

八、教学反思

本节课围绕程序设计选择结构,与数学的相关内容结合紧密。学生通过这两节课的学习,不但掌握了算法当中选择结构的基本要求,再次深入理解了利用程序解决实际问题的过程,更加深了对信息技术学科的认识,提高了学习算法与程序设计的兴趣。

课堂教学中新知讲解部分微课的使用,不但使学生产生了与教师一对一学习的感觉,还避免了老师在讲解过程中出现不科学、不规范的内容,给学生提供了准确的教学内容。同时学生还体验了利用微课进行学习的数字化学习的新型学习方式。

本节课设置的课堂练习,从内容上层层深入,便于学生掌握和理解,而穿插在学生学习过程中的探究讨论活动,也提高了学生分析问题、解决问题的能力。

附:学生感想体会

这上半个学期我们专攻了电脑 VB 程序的算法与设计,受益匪浅。

VB 程序的应用很有意思,简单的一个程序,几行字符,就能轻松创造出一个系统,游戏或者计算程序。极大地减轻了人们生活中要计算的负担,不管对今后的学习或者未来参加工作,都是方便了许多步骤。还有小游戏,平常在生活中作为娱乐者享受着别人发明的游戏,如今自己却当了回创造者,感觉挺好的,成就感大大的。

不仅学了这些,我们还学习了将信息与数学相联系起来,我发现很久以前教我的一位老师说过的一句话得到了验证:"各门学科都是相通的,互相联系,互相服务。"信息解题的方法是靠各种代码进行运行的,而数学却是需要自己的计算和思考,经过信息的几节联系数学的课程,我们的思考能力确实得到了锻炼,对高考解决这类数学问题有很大的帮助。

计算机不再只是玩游戏聊天的工具,也可以是方便日常生活中麻烦的事情的机器,这些知识对我今后的生活都是有益的。

——许杉

在使用电脑的过程中,我渐渐体会到了,数学——这个伟大神秘而令人着迷的学科和计算机——这个逆天,富有创造性的、离奇的好玩意儿之间密不可分的关系。数学就是计算机的大脑,通过数学计算机才拥有了高得离谱的计算能力。于是人们也才叫它计算机。

所以学好计算机也需要我们学好数学,当初那帮在发明计算机的时候想到了逻辑式的数学方法的人真的用数学方法将电脑变得平易近人,真正地融入了人们的生活。某种程度上,电脑变得越来越顺服我们的心意,倘若我们并不真正地了解这种东西,而仅仅是使用和娱乐。说不定,我们真的会被电脑代替,所以更要学习它,而不是依赖。

——孙晓萌

上学期的数学必修三上,我们接触到了利用程序、代码等,来解决生活中的问题。一开始只是在纸上进行运算,对程序图没有敏感性。但是这学期接触到了电脑 VB 编程,那些问题一下就变得"活灵活现"了。只要在编程时想着数学老师曾经讲过的思路,按照学习过的代码进行修改,就可以解决问题。所以,数学和编程是分不开的。

——苏天曲

参考文献:

[1]《数学》必修 3,北京:人民教育出版社.

[2]广东基础教育课程研究开发中心信息技术教材编写组编著.信息技术(选修 1)《算法与程序设计》.广州:广东教育出版社出版.

[3]王玉英.VB 的乐趣,算法一起学[M].北京:光明日报出版社.

2016 年 11 月

第三篇 课堂教学微课应用篇

　　微课，全称"微型视频课程"，它是以教学视频为主要呈现方式，围绕学科知识点、例题习题、疑难问题、实验操作等进行的教学过程及相关资源之有机结合体。微课是以阐释某一知识点为目标，以短小精悍的在线视频为表现形式，以学习或教学应用为目的线上或线下的教学视频。从 2013 年第一次接触微课起，我就开始主动将微课应用于信息技术课堂，进行课内翻转的教学实践研究，申报了"十二五"朝阳区规划课题的研究，经过几年的教学实践，微课在信息技术课堂中发挥了巨大的作用，得到了全体学生的喜爱。

　　目前，根据教学内容以及学生的实际情况进行微课应用教学已经成为常态。本篇呈现的是课题研究相关的论文以及微课应用案例、教学设计和微课的教学设计等内容。

微课在中学信息技术教学中的应用文献综述

一、微课的概念

微课,全称"微型视频课程",它是以教学视频为主要呈现方式,围绕学科知识点、例题习题、疑难问题、实验操作等进行的教学过程及相关资源之有机结合体。

在国内,微课的概念最早是由胡铁生教授提出来的,当时因为评课时要观看教师整节课的录像很乏味,就想到了利用教师片段的形式来评课,为了给别人介绍这种形式,胡铁生教授提出了微课的概念。

随着人们对于翻转课堂的认识的深入,胡铁生教授对微课的概念也相应地做了一些修正,现在已经是 3.0 版本了。微课是微课程的简称,它是指以微型教学视频为主要载体,针对某个学科知识点/技能点(如重点、难点、疑点、考点等)或教学环节(如学习活动、过程、实验、任务等)而精心教学设计和开发的一种短小精悍的、支持多种学习方式的在线视频网络课程。(胡铁生,2013)

微课是以阐释某一知识点为目标,以短小精悍的在线视频为表现形式,以学习或教学应用为目的的在线教学视频。(焦建利,2014)他认为微课是在线教学视频,以阐释某一知识点为目标,以短小精悍为核心特点,以学习或教学应用为目的。

黎加厚教授认为"微课程"的含义为"微课程"是指时间在 10 分钟以内,有明确的教学目标,内容短小,集中说明一个问题的小课程。(黎加厚,2014)并强调微课程不是课堂实况录像的一小段切片,不等于完整课堂的局部片段,微课本身是一个完整的教学设计。黎加厚教授强调了微课程与教材相比更加有丰富的知识背景、生动的比喻和讲述,更加体现了教师个人魅力,可以有针对性地实施个性化教学。

微课从最初的课堂视频片段,到面向学生个体的在线教学视频再到一个完整的教学设计,体现了我国研究者对微课的一个认识过程,微课应该是一个集中说明一个问题的小课程,它的特点是,时间短而内容集中、目标明确。由于这些特点,它便于在网上传播,便于人们的碎片化学习而广泛传播。

二、微课在中学信息技术课程中的应用文献统计分析

笔者在中国知网上打开"中文学术期刊全文数据库",选择"篇名",在"篇名"一栏的空白处输入"微课",选择"或含",对应的空白处输入"微课程",共返回1 310篇文章。

年份	2011年	2012年	2013年	2014年
篇数	2	24	238	1046

从以上数字来看,国内微课研究从2011年在文献开始中出现,至2014年已经成为研究的热点问题。从这些文章的研究内容来看,2013年是一个大面积推广和普及的阶段,很多人从这个时候开始了解微课这种教学形式,学习并研究微课的应用,而真正大面积的应用出现在2014年。我们看到2014年发表的相关文章的数量呈一个直线上升的趋势。人们意识到了微课这种形式对于教学的促进作用,很多人在尝试利用微课进行教学。在2014年发表的这些文章中有相当一部分是关于微课应用实践研究方面的。从应用对象来看涵盖了大、中、小学学生,从应用学科来看可以说覆盖了几乎所有的学科。

在以上检索结果中笔者加上一个条件:在篇名中加上"信息技术"关键词后,检索结果如下:2013年有14篇文章,2014年有72篇文章。其中2013年的13篇文章中除了2篇是关于小学信息技术微课和一篇关于数学微课教学应用之外,其余10篇文章都是关于初中和高中信息技术教学中微课的应用的。而在2014年的72篇文章中,关于职业学校信息技术教学中微课应用的有1篇,关于微课的访谈有1篇,关于微课技术讨论与探讨的有6篇,关于微课对于中小学教师成长的作用等方面研究的有5篇,关于微课在小学信息技术课程中应用的有11篇,而在初高中信息技术课程中应用的文章数量高达48篇。

三、目前在中学信息技术微课应用现状及存在的问题

1. 关于在信息技术课程中应用微课的优势

信息技术课堂应用微课进行教学有得天独厚的优势,不光是因为信息技术教师掌握微课录制技术没有什么障碍,还因为信息技术课堂的硬件环境适合微课的应用。

2. 关于微课使用效果

从这些文章来看,老师们认识到了微课在信息技术课堂中应用的效果及作

用。微课能很好地解决学生之间的差异问题。微课能很好地再现操作细节,不同程度的学生可以利用微课根据自己的学习进度进行学习。听不懂的地方可以反复观看。而学得快的同学可以不必受老师电脑的控制,去学其他内容。

还有老师提到了微课对学生自主学习能力以及创新能力提高方面的作用。

3. 关于微课的教学设计

有的老师以 ADDIE 模型进行了微课的教学设计并应用于教学当中,还有的老师总结了微课教学设计的过程。第一,微课选题;第二,学习问题设计;第三,学习环境设计;第四,教学活动设计;第五,信息化教学设计成果的形式。

4. 关于微课的使用方法

可能是由于版面的原因,详细描述如何使用的文章并不多,但从提到如何使用的这些文章来看,大多数是根据重点、难点等内容,录制了微课,在课前、课中使用。微课不但可以作为引导资源构建真实生动的教学情境,还可以作为示范资源细致讲解操作步骤,甚至可以作为学习资源实现不同步教学。

5. 关于微课的录制方法

在中学信息技术课堂中应用微课的形式主要是用录屏软件进行录制的微课。还有一些老师把找到的视频片段,经过编辑后转换为微课。

从以上研究方面来看,目前老师们对于微课的应用还处于探索的初级阶段,从微课内容上看是零散的一些知识点的应用,远远没有形成系统化、规模化的应用。老师们以学生为中心的微课设计方面做了一些尝试。大数据支持下的微课平台如何在中学信息技术课程中应用还有待于实践研究。

参考文献

[1]教育部发布的微课的参评项目及相关要求,http://dasai. cnweike. cn/? c = main&a = newsdetail&id = 4.

[2]中华人民共和国教育部制定. 普通高中技术课程标准(实验). 北京:人民教育出版社,2003.

[3]胡铁生. "微课":区域教育信息资源发展的新趋势[J]. 电化教育研究,2011(10):62 - 63.

[4]黎加厚. 微课的含义与发展[J]. 中小学信息技术教育,2013(4):10 - 12.

[5]中国首届微课大赛项目说明, http://baike. baidu. com/link? url = y8TT4Y0eh8p9q _ ZyixvjIoWDn3hD2fWsFwo4Cc0jDzIdfRbiTGEqwlt94lhDbFIQ kmu-TYsY8ufmudCN58Wd8bK.

微课在信息技术课堂教学应用初探

一、微课的起源

1. 微课的定义

2008 年,美国新墨西哥州圣胡安学院大卫·M. 彭罗斯提出了"微课程"的概念,他列出原本需要 60 分钟的讲座中的一系列关键词短语形成"微课程"的核心,然后写一个 15~30 分钟的介绍和结论,以提示上下文关键概念,接下来录制上述内容,形成最终长度为 1~3 分钟的视频。

关于微课程的定义国外有两种说法,一种是一节短小的视频,呈现某个单一的、严格定义的主题。(Educause)另一种是微课程并不是指微学习中的微内容,而是指根据建构主义方法在在线学习或移动学习中格式化的实际教学内容。(Wikipedia)

在国内,微课的概念最早是由胡铁生教授提出来的,当时因为评课时要观看教师整节课的录像很乏味,就想到了利用教师片段的形式来评课,为了给别人介绍这种形式,胡铁生教授提出了微课的概念。

随着人们对于翻转课堂的认识的深入,胡铁生教授对微课的概念也相应地做了一些修正,现在已经是 3.0 版本了。微课是微课程的简称,它是指以微型教学视频为主要载体,针对某个学科知识点/技能点(如重点、难点、疑点、考点等)或教学环节(如学习活动、过程、实验、任务等)而精心教学设计和开发的一种短小精悍的、支持多种学习方式的在线视频网络课程。(胡铁生,2013)

黎加厚教授认为"微课程"的含义为时间在 10 分钟以内,有明确的教学目标,内容短小,集中说明一个问题的小课程。(黎加厚,2014)并强调微课程不是课堂实况录像的一小段切片,不等于完整课堂的局部片段,微课本身是一个完整的教学设计。黎加厚教授强调了微课程与教材相比更加有丰富的知识背景、生动的比喻和讲述。更加体现了教师个人魅力,可以有针对性地实施个性化教学。

2. 微课与翻转课堂

翻转课堂是从英语"Flipped Class Model"翻译过来的术语,一般被称为"翻转课堂式教学模式"。在"翻转课堂式教学模式"下,学生在家完成知识的学习,而课堂变成了老师与学生之间和学生与学生之间互动的场所,包括答疑解惑、知识的运用等,从而达到更好的教育效果。简而言之就是"先学后教",是对传统的课堂模式的一个翻转。

微课这种微视频教学可以说是使翻转课堂成为可能。老师可以先把要学习的内容录成微视频的形式,放到网上供学生提前学习,学生学完后到学校可以针对学习的内容进行深入的讨论。微课成为翻转课堂的助推剂,翻转课堂可以说是微课应用的一种结果,而这个结果会带来学习方式和教学方式的巨大变化。

二、关于微课的设计与开发

微课的开发要突出对学生的"学"的设计,以某个知识点技能点/教学环节为资源组织单位,微课的构成要以微视频为核心,辅之以微教案、微课件、微练习、微反思等资源。

从功能上来说,可应用于学校教学、自主学习、移动学习、泛在学习等各领域。从应用方式来看,可以是校内也可以是校外学习,正式或非正式学习,个性化自主学习或协作探究等多种学习方式。

在微课开发设计过程中,微课的设计很重要。上海师范大学的黎加厚教授提出了微课程的 ADDIE 教学法。主要包含:要学什么?(学习目标的制订);如何去学?(学习策略的运用);以及如何判断学习者已达到学习成效?(学习评价的实施)。在 ADDIE 五个阶段中,分析与设计属前提,开发与执行是核心,评估为保证,三者互为联系,密不可分。

微视频是微课制作的关键环节,选题与教学设计(特别是学习设计)才是微课质量的决定因素。

在微课设计过程中选取教学内容要注意简短、聚焦、有价值。要使学生感觉到值得学(要有用),这是所有微课程的第一个条件。另外,确定微课的教学目标时要注意单一、明确、易实现。在充分分析学习对象年龄、学习特点、学习基础的基础上制订合适的教学策略。教学内容最好是问题化、任务化、情境化。这些都确定好后,再制作微课件、微教案、任务单、测试习题等一系列的辅助教学资源,然后再选择合适的录制方式,撰写录制的脚本后就可以开始录制了。

在录制微课的过程中语言非常重要,语言要科学规范、生动形象、幽默风趣、注意引导性的话语的使用,跟学生之间要有互动,最好要留出给学生思考问题的时间,要注意启发学生的思维。

首都师范大学焦宝聪教授认为在设计环节要重视学生学习单的设计,重点考虑以下几个方面:我知道了什么? 我想学什么? 我发现了什么问题? 我已经学会了什么? 我如何学会的? 在学习单的设计过程中要注意与导学案的差别。建议学会要立即测验,嵌入游戏激励机制。要给学生线上提问的机会,答案可以是老师给,也可以是同时学习这个课程的学生给出。

三、微课的形式及其应用

1. 微课的分类

从不同的角度看,微课有不同的形式。

按知识点内容的传授方式来划分有:讲授型、解题型、答疑型、实验型、其他类型。

按微课的教学方式划分有:讲授型、启发类、提问类、演示类、实验类、作业类、合作类、探案类、导入类、课前预习类、知识理解类、练习巩固类、小结拓展类、说课类、活动类等。

从教师教学工作出发的角度来划分有:课程精讲类、实验探究类、示范操作类、游戏学习类、虚拟面批类等。

按微课内容及数量构成大小来划分有:知识点型微课、专题学习型微课、学科微课程体系等。

按有无交互方式上来划分有:有交互型微课、无交互型微课。

当然还会有其他分类方式,但无论哪种分类方式,都应该是基于学生学习设计的。

2. 微课的应用

从 2013 年开始,微课迎来了它的研究热潮,很多大学老师、中学老师纷纷投入它的实践研究中来。

黎加厚教授提出了“微课程教学法”,是指学生利用个人信息终端,将数字化的微内容作为替代教师课堂上面对面讲授进行自主学习的教学策略。在此基础上黎教授提出了 A 型教学和 B 型教学,A 型教学就是面授教学,B 型教学就是利用微视频进行教学,利用 B 型教学可以实现学生课前复习、课中学习、课后复习、拓展等功能。这种教学方法适合中国教育现状,克服了机械照搬国外翻转课堂模式的局限,达到了从关注课堂教学的时间流程安排到关注适合的教学策略设计。因此,在微课程教学法的实施过程中教师要重点研究丰富课堂教学策略,重点研究提高微课程设计质量。

西南师范大学的汪晓东博士就在他的"教育技术专业英语"课程中应用了微课及翻转课程的形式进行教学,经过一学期的实验研究,教学效果非常明显。学生对于课程的满意度由使用前的85%提高到96%。另外,在"信息化教育理论"这门课程中也使用了微课进行翻转课堂的实验,在这门课程中学生对微课的满意度感到非常满意和比较满意的达到了91%。

一些中学老师也进行了一些有益的尝试,广东佛山市的一些中学以及重庆市的聚奎中学,都做了一些利用微课进行翻转课堂的实践研究,取得了一定的教学效果。

在微课的使用过程中,我们应该注意微课要重点解决使用传统教学方法费时费力或无法展示的教学内容,不要为了使用微课而使用微课,微课不是解决一切问题的灵丹妙药,在应用于课堂教学时,要与传统教学方法相互配合,发挥各自的优势,让教师教得更轻松,学生学得更快乐,更高效应该是微课应用的最终目的。

四、笔者在信息技术课堂中的应用实践

笔者在进行高中信息技术算法与程序设计模块教学中有意识地应用了微课进行教学。在课前老师根据学生的情况和教学内容设计出了教学任务。将课堂任务完成过程中的难点问题录成5～10分钟的视频。在课堂上,老师首先出示本节课学习任务,指导学生观看视频。然后学生按照学习单的要求完成课堂学习任务。老师则在学生完成任务时在机房进行巡视,重点解决个别学生的问题,对于共性的问题才统一进行讲解。这实际上是一种课内翻转的教学形式,看似老师上课时"无所事事",实际上老师要解决的问题比以前统一讲解时更有挑战性,因为个性化的问题出现得更多了。对于学生来讲,他们可能以前听不懂老师讲的内容时也不好意思问,就放过这个问题或者干脆就什么都不做了,这样学生的自信心受到打击,学习效果很不好。而采用视频播放的形式自己进行学习,没看懂的地方可以反复观看,这对学生的学习是一个很大的帮助。

在进行一段时间微课视频教学后,笔者对教学效果做了一个调查,调查了学校应用这种教学方式的200多名学生。从调查结果数据统计来看,有26%的同学从来没有体验过网上视频学习的形式,有14%的同学经常采用从看视频学习的形式。

有80%多的同学认为微课的时间控制在10分钟之内比较好。

只有约4%的同学对上课使用的微课不满意,有半数以上的同学对使用的微课很满意。

对于在信息技术课程中,以课堂任务为单位录制微课和以知识点为单位录制

微课哪种你更喜欢这个问题,两种情况选择的人数比较接近。

对于微课用视频呈现学习的重难点内容,会有利于你学习这个问题,不同意和完全不同意的同学只占约9%。

对于微课视频可以重复查看,有利于加深你对知识点的深入理解这个问题,则只有不到6%的同学不同意或完全不同意。

随后调查你觉得我们的微课视频还需要在哪些方面进行改进? 同学们认为在媒体设计(图片、音乐、排版等)方面需要改进的点60%多,与老师互动方面占50%以上,而教学内容、时间长短、教学方法三个方面则选择人数很接近。

有94%以上的同学对于微课这种新的教学方式喜欢或感觉一般。只有约5%的同学不喜欢,感觉用处不大。

学生在利用微课进行学习时,遇到问题很多情况下是自己上网查询或与同学讨论解决的,放过问题的只占4%。

如果还有机会利用微课进行学习,你愿意吗? 只有4%的同学选择了不愿意。

五、结论

(1) 翻转课堂是时代的要求及学生发展的需求。

科技的进步(无线网络/智能终端的普及)使翻转课堂成为可能,也为微课的发展奠定了良好的物质基础,而学生个性化自主学习以及终身学习的迫切需求是微课得以发展的根本原因。

(2)微课使翻转课堂成为可能。

微课,将教学难点以视频的形式呈现,学生可以自主选择观看进度,便于课前学习,课上带着问题与同学或老师进行讨论。

课内翻转这种微课应用形式适合中学信息技术教学。从实践来看,学生很喜欢这种形式,这也是满足他们个性化学习的一种重要手段。

(3)微课的设计不但包括视频的设计,还应该包括整个教学设计。

视频是微课的核心,无疑设计制作良好的视频非常重要,其中的声音、画面以及素材等都是要认真考虑的因素。

而引导学生完成课堂任务的学习单更为重要,教师要在课前进行细致的设计和安排,使学生能够有目的地观看视频,这样学习的效率才高。

(4)微课的视频时间要控制在10分钟以内。

(5)微课在中学信息技术中应用在很大程度上做到了面向全体学生,真正关注了每个学生的发展,学生可以做到自己控制学习进度,反复观看视频,解决问题。

（6）微课这种形式值得在信息技术课堂中大力推广，但也可注意硬件条件是否跟得上，如果网速过慢可以考虑将视频直接发给学生的形式，不必非得传到网上进行学习。

（7）微课的发展要求开发大数据智能化的微课学习平台，这个平台不仅是一个微课资源建设平台、资源管理平台、微课发布平台，更是一个个性化学习交流与应用研究平台，这个平台可以实现对学生学习情况的记录、诊断、推送学生所需的资源、对学生进行答疑辅导等功能。

关于微课对教师专业发展影响的探析

经过多年来在全国各个学校的大力推广下，微课无论是在数量、类型还是内容质量上都有了很大的提升。但是现在很多学校在制作微课的时候理念还是相对落后，因此导致很多微课没有在实际的工作和教学中得到很好的应用。

一、微课恰当地使用在教师专业发展中的影响

1. 设置合理时间解决新教师经验不足

微课录制的时间一般在 10 分钟以内，曾经有相关的教育心理学专家做过一项研究：人们接触一个新鲜事物时在 10 分钟以内是注意力最为集中的，最符合人类认知特点。微课的内容一般是解决一节课中的某个问题，如要解决一节课中的重难点，疑点，教学内容非常精简从而一击直捣要害。好的微课通常是讲解一个碎片化的知识点、考点或作业题、各类考试真题、模拟题等，课外需补充知识点，专题，模型的建立较多，这也是学生的难点所在，利用微课这种模式，既节省了时间，又解决了问题。很多年轻老师刚刚参加工作，其实也和学生一样容易在教学重难点上把握不清，通过观看微课可以参透一些经验丰富教师在解决问题上的一些独特见解，相当于请教这些老教师在教学上对其进行一对一的帮扶。

2. 微课增加了教研活动的含金量

中学教研活动开展了几十年，虽然对教师的发展具有巨大的推动作用，但是由于"教师圈"相对于其他职业的"圈子"来说是非常固定的，为了顾及其他老师的感受，很多老师在评课的时候往往会刻意地指出被评课老师授课时的优点。微课的恰当利用就能非常好地解决此问题，如将老师录制的微课挂在网上让其他老师和同学匿名评价，这样往往"真言"就出来了。这样不但使老师在观看的同时学到了很多教学经验和教学技巧，而且通过资源库中每一个微课下面都有一个评论区让别人评价很好地解决上面说到的问题的解决。有教研活动能够得到一个很好的补充，最终能真正地提高老师们的教学水平。

3. 恰当的微课分类有助于教师查找和归纳总结

传统的课程教学资源大多是以符合教材编制的单元为单位开发的,资源的名称都是第几章第几节,资源主题和特色无法看出,只能将45分钟的视频看一遍之后才能学习到这节课的一些好的教学经验和技巧,这样就造成了老师们使用上的不方便,浪费了很多时间。

前面我们知道将微课的时间限制在10分钟以内解决一个问题,这样微课资源的名称设置可以直接以问题的名称命名。根据分类的维度、依据、课程的名称和类型不同,我们可以将微课资源按照上下两个级别分类,上面的级别是按照学科分类,然后在这个学科内按照问题归属再分类。比如确定了第二个级别是信息技术学科,然后可以再分成计算机文本文档的使用、网络、多媒体制作、算法二级等。这样一些老师在遇到问题的时候直接按照级别一级一级地查找到相应的微课资源。

除了前面的分类之外,还有一种是按照课堂教学方式来分类。教学方式是为完成教学任务而采用的办法,它包括教师教的方法和学生学的方法,是教师引导学生掌握知识技能、获得身心发展而共同活动的方法。为了便于一线教师对“微课”分类的理解和实践开发的可操作性,可以按照教学方式的不同分为小组合作学习类、讨论类、试验类、主动学习类、答辩类、讲授类、探究学习类等。当然一节微课中或许不仅仅是属于哪一类的,有可能同时属于两种或者两种以上类型的“复合类别”微课,所以这种微课分类方式不是一成不变的,它是随着现代教学方式的发展而不断发生变化和完善的。

4. 微课的扩展性增强了教师的教学的系统性

微课和传统意义上的教学资源不同,它是解决单独的问题而出现的教学资源,因此就注定了不是统一完整的。但是从另一个方面来说,老师们可以利用各个微课中的内核经过自己的巧妙加工将教学资源与教学任务、教学活动、教学环境之间建立有意义的关联形成带有老师自己风格的主题突出、内容完整的一节课,也就是所谓的微课扩展性。而微课的扩展性具有很强的生成性和动态性,其中的教学设计、素材都可以随时修改,随时生成,并随着教学需求和当前硬件资源的变化而不断地更新,老师就在这种动态性的变化过程中不断成长。

二、微课发展过程中给老师带来的问题

微课虽然发展迅速,但是由于一些技术和理念的制约,也给老师们带来了诸多问题。

1. 微课制作软件不熟练致使微课质量降低

一些学校给老师提供了制作微课的平台,不过有的老教师确实因为对软件操作的不熟练在制作微课的过程中出现时间点截取错误的问题,如教学内容还没结束而视频就结束了,或者在教学内容已经结束很长时间,微课的时间还没结束,出现一大段空白声音。以上这些问题也是很多老师经常碰到的,需要老师们在平时的训练中多加注意和学习才能克服。

2. 微课质量良莠不齐

微课平台时间一长会积攒着大量老师的微课,而平台管理者很难花大量的时间和精力去仔细研究每个微课,或者因为管理者缺乏相关学科知识,从而看不出一些学科微课出现的科学性的错误,就会导致了一些"次品"出现。老师在观看这些"次品"的时候自然难免受到误导,对他们的知识构建造成了一定的破坏。

总之,作为一种新的学习和研究方式,微课还在迅猛的发展中。对于在发展中出现的问题,老师和相关学者都应该重视起来,从而将其发扬光大造福于每个老师和学生。

"算法及其实现起始课"教学设计

设计说明：
本节课微课视频起到了破解难点的作用。

一、指导思想与理论基础

《中小学信息技术课程指导纲要》指出信息技术课程的主要任务是注重提升学生的信息素养,培养学生解决实际问题的能力,培养学生的创新能力。信息技术课程使学生具有获取信息、传输信息、处理信息和应用信息的能力,教育学生正确认识和理解与信息技术相关的文化、伦理和社会等问题,负责任地使用信息技术;培养学生良好的信息素养,把信息技术作为支持终身学习和合作学习的手段,为适应信息社会的学习、工作和生活打下必要的基础。

2003年教育部颁布了《普通高中技术课程标准》,其中对于信息技术课程的基本理念、课程所要达到的目标从更高的层次上做出了精辟的概括,是高中信息技术新课程的纲领性文件,教师在教学过程中要努力提高学生信息素养,培养信息时代的合格公民,营造良好的信息环境,为信息技术教学活动提供先进的学习平台。

因此,算法与程序设计的教学要紧紧围绕《中小学信息技术课程指导纲要》中提出的信息技术的主要任务,以解决实际问题为核心来培养学生分析问题、解决问题的能力。在教学设计中要注重算法的教学,弱化程序设计语言语法的教学。因为任何程序设计的语言都是为解决问题服务的,而算法正是利用计算机解决问题的基础。

二、教学背景分析

1. 学生情况

我校是市级示范校,学生家里的电脑普及率很高,学生普遍对网络的使用比较熟练,学生掌握知识的速度较快,本学年开学初我们对学生进行了问卷调查,从以下几个方面对学生进行了调查和了解:家中电脑及上网基本情况;初中学习信息技术的情况;学生对一些软件掌握情况;学生在应用信息技术遇到问题时的解决方法;学生对学习信息技术的态度及兴趣;学生希望教师如何辅导;对于学习数据库模块、算法和程序设计模块、多媒体技术模块、计算机网络应用模块的兴趣倾向。从调查问卷统计结果来看,绝大部分(99%)学生喜欢上信息技术课,自认为计算机操作水平很熟练、比较熟练、一般的同学占94%,只有6%的同学认为自己的操作水平很差和较差。

学生在第一学期学习了必修模块《计算机基础》《数据库管理技术》,掌握了计算机的基础以及网络应用的一些知识,还学习了如何设计数据库,并且利用 Access 创建了一个数据库。在学习这些知识的过程中,学生利用计算机解决问题的能力得到了很大的提高。

学生在《数学必修三》中已经学过了关于算法的基础知识,对于基本的语句及程序设计的三大结构有了一些了解,但是对于程序如何在计算机上实现以及计算机解决问题的方法不是很了解,也没有体验过利用设计程序解决实际问题的过程。

2. 教学内容

根据我们学校学生的实际情况和师资情况等因素,我们对高一年级的教学内容做了一些调整和整合。我们现在选用的教材是地图版的教材,包括 1 个必修模块和 5 个选修模块。我们把一些选修模块的教学内容有机地融合在必修模块的教学内容中,如在学习必修模块的网络基础知识这一个单元时,就融入了网络应用选修模块的内容,这样做一方面充实丰富了教学内容,另一方面也避免了必修模块一些内容与选修模块的内容重复设置的情况。经过一个学期的实践,学生不但学到了更多的学习内容,对信息技术课程也有了全新的认识。

本学期准备开设算法与程序设计和多媒体技术两个模块的教学。由于地图出版社的《算法与程序设计》课本所使用的语言是 Java,这个语言不如 VB 适合学生学习,所以我们选择的是广东教育出版社出版的《算法与程序设计》作为教材,这本教材的教学语言是 VB。本节课是该书第一单元中的第二节的教学内容。

算法在本选修模块中占有非常重要的地位,算法是程序设计的核心,利用计算机解决问题首先是要正确分析问题,找到合适的算法。因此,知道什么是算法,如何进行算法的描述是利用计算机解决问题的基础,而如何将算法转换为程序设计语言并在计算机上实现是利用计算机解决实际问题的关键。本节课涉及了以上两个问题,可以说是整个算法与程序设计教学的基石。

三、教学目标

1. 知识与技能

知道什么是算法；

知道描述算法的几种方法；

知道绘制流程图的基本要求；

知道利用 VB 实现算法的基本过程；

理解计算机解决实际问题的基本过程。

理解计算机中变量的意义及特点。

2. 过程与方法

体验利用不同方法描述算法；

熟悉利用流程图表示算法；

体验利用 VB 实现顺序结构程序设计算法的过程。

3. 情感态度与价值观

体验设计算法与描述算法的过程,体验利用 VB 实现算法的过程,产生学习算法和程序设计的兴趣。

四、教学重点

如何将流程图转化为 VB 语句并执行程序。

五、教学难点

理解计算机解决实际问题的过程。

六、教学准备

制作教学用 PPT、录制"变量的特点"的微课,课前开机检查电脑运行情况。

七、教学方式

教师引导、讲解与学生的分组讨论、实际操作、总结等相结合。

八、学习效果评价设计

(1)学生课堂中听讲、参与讨论以及回答问题情况。

(2)学生根据流程图在电脑上编写程序的情况。

九、教学活动过程

教学环节	教学内容	教师活动	学生活动	设置意图
创设情境 引入新课	同学们在"高中数学必修三"中已经学习过了算法以及基本的语句,请大家回忆一下什么是算法?算法有哪三种基本结构? 我们先来看一个笑话: 在小品"钟点工"中,宋丹丹讲了一个笑话,把大象装冰箱,共分为几步? 第一步:打开冰箱门; 第二步:把大象放进去; 第三步:把冰箱门关上	提问,引导学生思考。 介绍小品中的笑话,引出算法的概念	思考,回答老师的提问 听讲,思考算法的含义	引入新课
新课讲解	一、什么是算法 algorithm 一词出现于 12 世纪,指的是用阿拉伯数字进行自述运算的过程。在数学中,算法通常是指按照一定规则解决某一类问题的明确和有限的步骤。 算法是解题方法的描述。 算法通俗地说就是指解决问题的方法。 在计算机中指用计算机解决问题的方法。 "算法"的含义十分广泛。 1. 一元二次方程 $ax2 + bx + c = 0$ 的解法是算法。 2. 乐谱是乐队演奏的算法,菜谱是厨师做菜的算法。 3. 计算机的操作步骤等都是算法	讲解什么是算法。 引导学生思考算法的含义,还可以提问学生数学课本上所讲算法的含义 说明算法的含义非常广泛	听讲、思考回忆算法的含义 思考、总结什么是算法?	理解算法的含义

教学环节	教学内容	教师活动	学生活动	设置意图
学生讨论	二、算法的优劣 著名数学家华罗庚"烧水泡茶"的两个算法： 算法1： 第一步：烧水； 第二步：水烧开后，洗刷茶具； 第三步：沏茶。 算法2： 第一步：烧水； 第二步：烧水过程中，洗刷茶具； 第三步：水烧开后沏茶 对同一个问题，可以有不同的解决方法和步骤： 如华罗庚"烧水泡茶"的两个算法。请同学们思考一下这两个算法的区别，哪个算法更有效	举例：华罗庚泡茶问题，引导学生比较两种算法的优劣 说明算法的三种不同的表示方法	观看"烧水泡茶"的实例，思考两种算法的优劣，知道算法有优劣之分	知道算法是有优劣的，好的算法效率高 知道算法的三种表示方法
体验思考	三、算法的表示方法 1. 自然语言（泡茶问题） 2. 流程图 3. 伪代码 四、学生体验 两名同学一名同学手中是篮球，另一名同学手中是排球，如何使他们两人手中的球进行互换？ 请同学们用语言描述这个问题的算法。 五、算法的流程图表示 流程图的几种符号 1. 开始、结束框 2. 处理框 3. 判断框 4. 输入、输出框 5. 连接线	请两个同学到前面来演示交换小球的过程。视学生回答情况引导学生说出互抛这种交换方法 请同学用语言描述两个小球交换的过程 出示幻灯片，讲解流程图的几种符号，因这部分是学生在高中数学中已学过的内容，可以利用提问的形式帮助学生复习回忆	听讲，知道算法的三种表示方法 体验交换小球的过程，观察前面的同学的动作，根据老师要求用语言描述交换小球的过程 学习流程图的几种符号表示	深刻体会交换小球的过程，为后面画流程图以及转换为程序语句打基础 知道流程图的常用符号及代表的含义

续表

教学环节	教学内容	教师活动	学生活动	设置意图
操作实践	六、根据同学们的语言描述,画出两个小球交换的流程图	引导、帮助学生画出小球互换的流程图	尝试根据语言描述绘制流程图	掌握流程图的画法
	七、将流程图转化为 VB 语言并在计算机上运行 Dim a,b As string 　　a = "wangqiu" 　　b = "pingpangqiu" 　　b = a 　　a = b 　　Print "a ="; a," b ="; b	对照流程图演示转换为 VB 程序语句的过程演示打开 VB6.0,建立工程文件、绘制按钮和编写代码以及运行程序的过程	观看学习将流程图转换为程序语句的过程 自己练习根据流程图输入程序并运行调试	初步尝试将流程图转换为 VB 程序的过程
发现问题	以上代码不能实现两个小球互换,引导学生思考解决办法	提问同学们运行这段程序发现了什么问题 巡视、观看学生的程序,对于共性的问题集中讲解 引导学生分析没有实现想要的结果的原因	发现根据前面的代码,发现小球并没有实现互换	认识 VB6.0 的环境 实际练习利用编程解决实际问题的过程
解决问题	八、变量的特点 　变量在使用前要声明,声明包括变量名称和类型。变量中存储的永远是最新的值 增加一个变量,作为中间转换变量	下发"变量的特点"微课 根据变量的特点,引导学生提出解决小球互换问题的方法:增加一个变量	观看老师下发的"变量的特点微课,学习并理解变量的特点 根据变量的属性及特点提出得到正确答案的方法	深刻理解变量的特点 学生体验利用计算机解决问题方法

续表

教学环节	教学内容	教师活动	学生活动	设置意图
思考归纳	八、利用计算机解决问题的步骤 分析问题 设计算法 编写程序 调试运行 检测结果	引导学生思考还有没有其他算法,如相加法等 评价学生的程序,引导学生思考利用计算机解决问题的步骤 出示本节课自主练习,为操作比较快的同学准备	两位同学到前面演示解决方法 根据同学的演示,修改、完善自己的程序 在老师的引导下思考解决这个问题的其他算法 利用VB验证自己的算法 思考利用计算机解决问题的步骤 操作快的同学继续完成自主练习	开阔思路,寻找更多的解决问题的方法 总结分析计算机解决问题的步骤 为操作较快的同学提供更多的练习和提升的机会 掌握学生学习效果以做出相应的评价
自主练习	九、自主练习 已知一个三角形三条边的边长分别为a,b,c,利用海伦公式设计一个计算三角形面积的算法,画出框图并利用VB编程实现			
效果评价		观看学生提交的作业,做出评价 对于共性的问题统一讲解	将本节课完成的所有程序提交到教师机	
课堂小结	这节课我们体验了利用计算机解决实际问题的过程。遇到实际问题时,先设计好解决问题的算法,最后选择一种合适的计算机语言编写程序,将人类解决问题的过程用计算机语言表述为指令,从而赋予计算机解决问题的能力	引导学生思考、回忆本节课所学主要内容,提问学生本节课的收获	回忆思考本节课所学主要内容,回答老师的问题	巩固所学知识,加深印象

十、教学反思

本节课是算法和程序设计的起始课,学生在高一上学期已学过数学必修三的算法部分,对什么是算法以及基本的语句有一定的认识,但是对于如何将算法转换为计算机程序以及转换过程中会出现什么问题不是很清楚。因此,本节课教师在带领学生复习算法的含义以及表示方法后,设计了一个体验活动,就是让两个学生将手中的网球和乒乓球进行交换,再用自然语言和流程图的形式将这个交换过程描述出来。教师根据描述和流程图引导学生在计算机上用 VB 语句表示出来。发现编写的程序与同学们想象的结果不一样。教师进而引导学生分析为什么计算机会产生的这样的结果,由此引出计算机变量的特点,再根据变量的特点引导学生修改算法,从而得出正确的结果。通过这样一个简单的问题,学生体验了分析问题、提出算法以及利用程序在计算机上实现进而修改程序重新实现的完整过程,对计算机解决实际问题有了进一步的了解,也对计算机中变量的特点产生了更加深刻的认识,达到了教学目的。

十一、本次教学设计的特点

(1)从学生喜闻乐见的小品引入课题,很快吸引了学生的注意力。

(2)设计的学生活动体验过程必然会出现问题,老师并不是直接讲述问题的解决方法,而是引导学生思考并找到解决问题的方法。可以说学生在解决这个故意设置了教学的矛盾冲突矛盾冲突的过程中对变量的含义及特点有了深刻的了解,对计算机解决实际问题也有了深刻的体会。

(3)适时提供"变量的特点"微课视频给学生的时刻,正是学生发现程序结果与自己的想象不一致的时刻。通过观看微课学生会有"恍然大悟"的感觉,加深了学生对于变量特点的认识和理解。

(4)教学环节清楚,教学过程环环相扣,知识之间逻辑关系清楚,符合学生的认知特点。

(5)师生之间的互动方式多样,既有提问式互动,也有作业式互动,还有生生之间以及师生之间的讨论,多样的互动方式始终围绕教学内容展开,增强了整堂课教学效率。

"单片机机器人起始课"教学设计

设计说明：

本节课的微课视频起到了破解难点、学习新知识点的作用，为学生减轻了复杂的、无关操作的负担，为聚焦算法的学习赢得了时间，提高了课堂学习效率。

北京市朝阳区在初高中信息技术课程教学中引入"单片机机器人"的内容，我们使用的这款单片机机器人是由北京教育学院朝阳分院老师开发的。机器人采用 AT89S52 芯片，主板上安排了 4 个 8P 插座（P0、P1、P2、P3），输入输出板上有 8 个 LED 灯、两个数码管、8 个按钮和 1 个拨码开关。在信息技术课程中，借助这个主板和输入输出板进行算法和程序设计的教学，使枯燥的算法原理有了形象化的展示，一些计算机的基础知识如二进制、十六进制转化等在学生的眼中变得可视化。再配上马达、车轮、各种传感器，利用 C 语言驱动更是将程序设计的基本结构形象地呈现在学生面前，经过教学实践检验，学生对此非常感兴趣。

本节课是"单片机机器人"的起始课，学生在此之前了解了一些 C 语言的基础，学习过虚拟机器人的搭建，体验过利用 C 语言为虚拟机器人进行模块化编程的过程。

一、教学目标

知识与技能：知道什么是单片机，了解单片机的基本应用；知道单片机编写程序的基本过程；知道 LED 灯的控制方法。

过程与方法：学会创建工程文件；学会编写控制 LED 灯亮灭的程序语句；学会编译程序和往单片机写入程序；体验自己编写程序控制 LED 灯的过程。

情感态度与价值观：体会程序设计的作用；体验自己编写程序控制设备的快乐；产生学习单片机编程的兴趣。

二、教学重点、难点

重点：LED 灯亮灭的控制方法。

难点：单片机工程文件的建立。

三、教学过程

1. 创设情境、引入教学

单片机应用非常广泛，在日常生活中会有很多单片机控制的设备。如冰箱、电饭锅、洗衣机、电压力锅、电饭煲、空调、各类遥控器、遥控汽车，这些电气产品都含有 1 个甚至多个单片机，还有现在很火的扫地机器人等。

教师播放扫地机器人视频，说明扫地机器人与单片机控制存在一定的联系。作为信息时代的中学生有必要了解一些单片机的工作原理，这也是信息技术学科应该承担的责任。

设计意图：了解单片机的日常应用，激发学生学习兴趣，引入新课教学。

2. 新知讲解

(1)学习什么是单片机及其特点

单片机是一种集成电路芯片，是采用超大规模集成电路技术把具有数据处理能力的中央处理器 CPU、随机存储器 RAM、只读存储器 ROM、多种 I/O 口和中断系统、定时器/计时器等功能(可能还包括显示驱动电路、脉宽调制电路、模拟多路转换器、A、D 转换器等电路)集成到一块硅片上构成的一个小而完善的微型计算机系统，在工业控制领域广泛应用。

单片机的特点：性能高、速度快、体积小、价格低、稳定可靠、应用广泛、通用性强等。

从 20 世纪 80 年代，由当时的 4 位、8 位单片机，发展到现在的 32 位 300M 的高速单片机。

(2)了解所使用单片机的 CPU 型号及参数

AT89S52 是一种低功耗、高性能 CMOS 8 位微控制器。具有：

ROM：8k 字节 Flash ROM。

RAM：256 字节 RAM。

I/O 口：32 位双向 I/O 口(P0、P1、P2、P3)。

引导学生观察 CPU 周围的 I/O 口的命名，观察数据线的接法。

(3)了解输入输出板的构成

引导学生观察输入输出板上的构件。

输出设备:LED灯、数码管。

输入设备:按钮开关、拨码开关。

设计意图:知道什么是单片机,了解它的特点以及它的发展历程。了解所使用的单片机CPU的型号及有关参数。知道输入输出板的构件,为接下来控制LED灯打下基础。

3. 利用微课自主学习,正确创建工程文件并点亮一个LED灯

一段4分钟的微课,为学生演示了如何正确选择CPU型号进行相应的设置,创建工程文件、创建群组以及新建一个C语言源程序的过程,还演示了如何编译以及将编译后的文件写入单片机。

学生戴着耳机边看边做,教师观察学生学习和操作情况,对于共性的问题统一解决。

在这个过程中,我要求学生暂停操作,利用广播软件统一讲解了以下两个共性问题:一是由于C语言语句区分大小写,在写CPU的端口名称时要求大写,很多同学将P0-P3端口小写了。二是有一部分同学忽略了语句后面的分号,或写成了中文的标点。

在巡视的过程中我及时解决了一些同学出现的个性问题,使学生顺利完成了点亮一个LED灯的任务。如因为输入输出板上的个别的LED灯线路接触不好,导致不能实现程序的功能,我及时为学生更换了设备。还有个别学生的电脑上因为插着U盘而与单片机的数据组发生了干扰,还有的同学启动的程序不对等。当他们看着自己写的语句而控制LED灯发亮时,都非常兴奋,那种惊喜的表情是无法用语言描述的。

设计意图:学生利用微课进行自学,学会正确创建工程文件,撰写程序、编译程序、往单片机中写入目标程序,体验点亮一个LED灯的过程,体会程序是如何控制设备的。

4. 自由创作

老师引导:同学们现在会点亮一个LED灯,现在你的单片机你做主,自己设计将其他LED灯也点亮吧。(同时提醒学生根据自己的设计,可以适当增加或减小延时的时间)

设计意图:充分调动学生的主动性和积极性,设计出具性化的流水灯等效果。

5. 评价展示

教师巡视,展示、评价有特色的学生作品,并利用广播软件向全体同学介绍学生的代码,再次使学生体会代码的意义。

设计意图:这个环节是学生个性化学习的成果展示,一些学有余力的同学通

过撰写语句制作出了很炫的流水灯的效果,老师不失时机地展示了2—3个这样同学的作品。这对于全班同学来说也是一个启发,起到鼓励同学们各显神通的作用。

6. 课堂小结

引导学生回顾为单片机编写程序的整个过程,强调生成目标文件的重要性。

观看学生提交到教师机的C语言源文件。再次强调一些语法错误的解决办法,将鼠标置于程序编译结果错误提示语句双击,鼠标就会到出错语句的后面。这样就能很快找到出现错误的地方并加以改正。

四、教学反思

朝阳分院自主开发的这款单片机机器人没有外包装,本节课使用的一个主板一个输入输出板,学生拿在手里,上面的部件一目了然,就连板子背面的线路都看得非常清晰。虽然看起来简陋,但特别适合教学应用。随着教学的进行,学生会通过这个输入输出板体会到整个单片机系统工作的原理,再加上对马达以及车轮和各种传感器的认知,会对利用程序控制设备有深入的认识和理解。本节课是单片机机器人的第一节课,教学目的是学生体验编写程序控制LED灯亮灭的过程,并产生学生学习单片机机器人的兴趣。

1. 情境创设合理,教学环节清晰

课程一开始教师为学生播放了现在家庭中应用越来越广泛的扫地机器人的工作视频,引发学生的学习兴趣,很自然地引入单片机的教学。

在教学过程中,不但给出单片机的定义,还引导学生观察单片机上的接线、电源等部件,为学生介绍了输入输出板的作用及部件。

接下来学生按照老师下发的微课视频进行自主学习,学生通过这个视频学会了创建工程文件、编译以及将编译后的文件写入单片机的过程。接下来就是学生自由创作的环节,学生充分发挥了自己的主观能动性,按照自己的想法撰写语句点亮不同的LED灯,制作出很好的流水灯效果。在课堂小结环节,老师对整个为单片机编写程序的过程进行了梳理,强调了创建工程、编写文件、生成目标文件、写入程序的基本过程和每个过程的作用,加深了学生的印象。每个教学环节都环环相扣,教学节奏既紧凑又放松。

2. 微课的使用有效地突破了难点,为信息技术高效课堂提供了有力帮助

信息技术课程的高效课堂应该有效突破难点,达到教学目的。在本节课中微课的使用恰恰起到了这样的作用。

利用Keil uVision4软件创建工程文件是一个复杂的操作过程,其中涉及对单

片机芯片的设置、CPU 频率的设置、勾选生成目标文件、建立群组、新建 C 语言源程序文件并加入群组等一系列操作。如果老师按传统的方法利用计算机教室的广播软件进行统一演示,因操作步骤较多,学生会记不下来。或者采取老师演示学生跟着做的方法,势必会有一部分学生跟不上老师的操作。

本节课所使用的微课是利用录屏软件 Camtasia Studio 录制的,录制了创建工程、撰写代码、编译程序和利用 Progisp1.72 软件往单片机中写目标文件的全过程。学生可以根据自己的学习节奏一边观看微课视频一边操作,对于没看清楚的部分还可以暂停或倒回去看。微课的利用很好地突破了教学难点,支持了学生的个性化学习。

微课的使用还使老师能够抽出更多的时间关注全体学生,既为学有余力的学生的自主创作争取了时间,也为在操作过程中遇到问题的同学提供了单独辅导的机会。在课堂上教师把更多的精力放在解决学生在操作过程中遇到的问题,使"在课堂上面向全体学生"成为现实。

总之,微课在信息技术课堂中的使用是信息技术高效课堂的有力手段,值得我们信息技术教师大力探索。当然,微课的内容取舍、微课的形式、微课使用的时机和方法都需要在实践中检验和总结。

"打病毒游戏"教学设计

设计说明：

在学习《程序设计与算法》时，前半部分主要学习算法的基本理论和用 VB 来解决数学问题，后半部分是利用 VB 的控件设计制作一些有趣的小程序。本节课是在学生制作了诸如"字体字号""调色板""左右移动的小球""幸运大抽奖"等案例之后的一节课，是一个比较完整的游戏模式。

在程序运行界面图中，程序刚开始运行时，我们可以选择"初级""中级""高级"中的一个，然后单击"开始"按钮，窗体右上角的倒计时开始从 30 秒递减。窗体上代表"病毒"的小按钮会在窗体范围内随机移动，移动的同时颜色也随机变化，代表"病毒"随时发生变种。当用户的鼠标点击到"病毒"时，右上侧的记数值会增加。当倒计时时间到时会显示"时间到！"的提示信息，如提示时间到图所示。

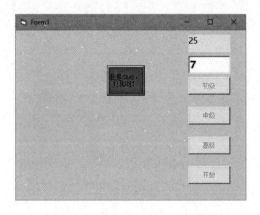

程序运行界面

提示时间到

在以往的教学中，我在引领学生分析这个程序后会利用广播软件一步一步带着学生完成。这中间有一些学生跟不上后会感觉很沮丧，还有一些同学做得快会觉得老师的演示比较麻烦。

利用微课教学就很好地避免了上述情况的出现,在教学过程中学生还体验了自己发现问题、解决问题的过程。

一、教学目标

知识与技能:熟悉 VB 可视化编程的基本过程;进一步掌握 Timer 控件的功能;知道 RGB 三原色的含义及使用方法。

过程与方法:熟练设置 Label 控件、Text 控件以及 Timer 控件的相应属性;学会设置 Command 控件的属性;学会使用 Cmd 的 Mousedown 事件;进一步熟悉随机数产后的方法及其使用方法。

情感态度与价值观:体验利用 VB 编写一个完整的、符合逻辑的小游戏的成就感,体验自己发现问题并解决问题的快乐,继续保持学习程序设计的兴趣。

二、教学重点、难点

重点:实现控件的位置随机变化以及颜色的随机变化。

难点:实现颜色的随机变化。

三、教学过程

1. 创设情境、引入教学

打开学生上节课提交的作业,讲解作业中出现的共性问题。

提问学生 Timer 控件的作用以及重要属性的含义。

上节课我们利用 Timer 时钟控件制作了左右移动的小球程序,请同学们回忆一下 Timer 控件的作用以及它的重要属性的含义。

设计意图:提示核心知识,为本节课教学打下基础。

展示"打病毒游戏"程序的运行过程,引导学生观察分析界面上有哪些控件,并思考各个按钮的作用。

设计意图:激发学生完成课堂任务的兴趣,引导学生分析问题。

2. 新知讲解

将两段微课视频下发到学生机(因这个程序较复杂,我把整个过程分成了两段视频)。

学生自主观看视频内容,很多同学边看边尝试制作。

微课视频的主要内容如下。

(1)根据分析在窗体上我们可以看到有 1 个 Label(标签)、1 个文本框、5 个按钮和 4 个时钟控件它们的属性如表 1 所示。

表 1

类别	名称	Caption	文字特点或 Interval	Enabled
窗体	Form1	打 SAS 游戏	12 号黑色	True
标签	Label1	30	自己设定	True
文本框	Text1	0	自己设定	False
按钮	SAS	我是 SARS,打我呀!	自己设定	False
按钮	cmdCj	初级	自己设定	True
按钮	cmdZj	中级	自己设定	True
按钮	cmdGj	高级	自己设定	True
按钮	cmdBegin	开始	自己设定	false
时钟	Timer1	无	Interval = 500	False
时钟	Timer2	无	Interval = 1000	False

（2）讲解 Timer1 的作用以及 RGB 三原色和在电脑中的表示

Timer1 的作用:使 SARS 的背景色随机变化,在窗体上的位置也随机变化。

代码如下:

```
Randomize
r = Int( Rnd * 256)
g = Int( Rnd * 256)
b = Int( Rnd * 256)
l = Int( Rnd * 4000) '水平位置
t = Int( Rnd * 3000) '垂直位置
SARS. BackColor = RGB(r,g,b)
SARS. Left = l
SARS. Top = t
```

同学们运行可以看到,这个按钮的背景并没有变化,我们还需要将它的 Appearance 属性和 Style 属性设置分别设置为 Flat 和 Graphical.

请同学们再运行看看。

（3）引导学生编写初级、中级、高级三个按钮的代码,说明各语句的作用

初级、中级、高级三个按钮的代码:

```
Private Sub cmdCj_Click( )
```

```
timer1. Interval = 1000
cmdBegin. Enabled = True
End Sub


    Private Sub cmdZj_Click( )
timer1. Interval = 800
cmdBegin. Enabled = True
End Sub


Private Sub cmdGj_Click( )
timer1. Interval = 700
cmdBegin. Enabled = True
End Sub
```

（4）引导学生分析开始按钮的作用，并根据作用分析写出代码

开始按钮代码：

```
SARS. Left = 2600
SARS. Top = 2000
cmdBegin. Enabled = False
cmdCj. Enabled = fasle
cmdZj. Enabled = False
cmdGj. Enabled = False
Timer1. Enabled = True
Timer2. Enabled = True
```

（5）分析 timer2 控件的作用，并引导学生自己写出代码

Timer2 控件的作用，使 labJs 中的数字以秒为单位递减，直到减到为 0 时，出现提示。

```
labJs. Caption = labJs. Caption - 1
If labJs. Caption = 0 Then
    Timer1. Enabled = False
    MsgBox（"时间到!"）
    cmdCj. Enabled = True
    cmdZj. Enabled = True
    cmdGj. Enabled = True
```

cmdBegin. Enabled = False

Timer2. Enabled = False

labJs. Caption = 30

End If

（6）分析 SARS 按钮的 mousedown 事件，并写出代码

SRS 按钮的 mousedown 事件代码：

TxtNumber. Text = TxtNumber. Text + 1

设计意图：这个环节是学生完成这个小游戏制作的关键环节，学生利用微课跟着教师一起分析完成这个看起来很复杂的操作，有看不清楚的地方可以反复观看，相比以前的同样内容的教学，学生非常从容地完成了这个任务。

3. 发现问题

学生在利用微课"完成"这个游戏后，兴致勃勃地试玩起自己编写的小游戏。他们发现：怎么玩完初级再玩中级时倒计时是负数呢？还有，没有打中时，也可以往记数里面输入任何数字，这样不就可以作弊了吗？

此时，我没有急于给出答案，让学生自己讨论为什么会出现这种情况。学生按照座位 4 人一组展开了讨论，几分钟后大家得出了一致意见：出现第一个问题是因为在每次选择级别之前应该把计时的数都调到 30，而第二个问题则是选择文本控件造成的。

我紧接着肯定了学生的讨论结果，并强调每次开始之前要将计时数设置为 30 是对程序进行初始化，如果不对程序进行初始化就会造成程序运行后出现意想不到的结果，给程序进行初始化是一个程序员很好的编程习惯。本程序应该在两个地方进行初始化，一个是倒计时数设置成 30，一个是记数设置成 0，并将代码写在"开始"按钮中。

而第二个问题是因为文本框控件的功能是接收用户输入的数据，在本程序中我们需要记录鼠标点击到"病毒"时的数量，因此用文本框是不合适的，每一种控件都有它特殊的作用，我们要选择合适的控件。请同学们思考这个程序用哪个控件合适呢，学生经过认真思考确认用"标签"替换掉文本框控件，还有的学生将文本框控件的 Visible 属性设置为 False 也很好地解决了这个问题。

设计意图：让学生自己发现自己程序的缺陷并提出修改方法，增加学生分析问题、解决问题的能力。

4. 解决问题

学生根据以上分析很快将自己的程序调试得更加完美了。

设计意图：培养学生追求程序的合理性。

5. 创意制作

同学们在微课的指导下完成了课堂基本作业,大家能否在此基础上进行自己的创意制作呢?

学生进一步更改一些控件和属生,制作自己的创意作品。

设计意图:引导学生更深入理解本节课所涉及控件的用法,发挥自己的创意,制作自己的创意作品。

6. 评价展示

教师巡视,展示、评价有特色的学生作品,并利用广播软件向全体同学介绍学生的代码,再次使学生体会代码的意义。

设计意图:这个环节是学生个性化学习的成果展示,达到互相启发、互相学习的目的。

7. 课堂小结

重点总结完成一个 VB 程序的过程:

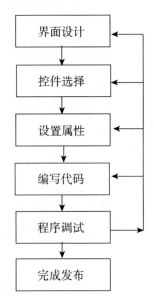

四、教学反思

1. 所选案例吸引学生

本节课所选案例涉及的游戏是学生当中喜闻乐见的小游戏,课堂教学一开始就激发了学生极大的兴趣。

2. 微课的使用提高了课堂效率

在以往的课堂中,学生疲于听取老师一步一步讲解,对于这种操作复杂、涉及控件众多的综合性案例,往往记住了后面的忘了前面的,导致最后可能失去完成课堂作业的信心和兴趣。

3. 微课的使用也使老师有更多的时间关注全体学生

在学生依据微课进行操作的过程中,老师在教室内巡视,对于学生操作过程中出现的小问题能够及时发现并提醒学生。

4. 微课的使用创设的宽松的学习氛围,有利于学生发现问题、解决问题

利用微课进行学习,好像老师面对面给每一个人讲解一样,学生从心理上很放松,再加上很快完成了基本任务,有时间和精力提出自己发现的问题并解决这些问题,从而产生了很强烈的成就感和满足感,这种正面情绪势必会带到后面的学习当中。

"网络搜索"教学设计

设计说明：

本节课教师借助微课和网络学习平台，为学生营造了自主学习、个性化学习的学习环境。课前老师将教学内容按一定的组织上传到平台。每节课有学习目标和学习建议，还为学生提供了知识点讲解的微课视频。这个学习平台还提供了作业布置、讨论区等互动环节。利用这些互动环节，课堂由传统的老师"一言堂"，变成双向的课堂，老师可以通过作业和讨论反馈的学生的信息，充分了解学生学习的情况，有针对性地进行教学。在学习平台的后台，教师可以统计学生学习的情况，对这些情况进行分析为以后的教学提供数据支持。

本节课教师将全国青少年计算机表演赛中的网络搜索赛引入教学，使学生能够利用学到的网络搜索知识练习其中的网络搜索题，开阔了他们的视野，丰富了信息技术的教学内容。

本节课强调学生自主学习活动，学生完全可以按照自己的步骤学习，学生既可以先看一段视频，再到计算机表演赛中去做练习，也可以看完两段视频后再去做练习。在观看视频学习的过程中对于没听明白、不懂的问题可以反复观看，真正实现了自己做主学习。

这样课堂的主动权真正地交给了学生，老师真正成了学生学习的指导者，在课堂上只是对共性的问题进行了指导，另外，大多数时间巡视解决学生出现的个别问题，也做到了最大限度地面向每一个学生，突出学生的主体地位。

学科	信息技术	教学内容(课名)	网络搜索

指导思想与理论依据

本节课采用课内翻转的教学方法,这种教学方法的理论依据是布鲁姆提出的"掌握学习"教学理论。只要在提供恰当的材料和进行教学的同时,给每个学生以适度的帮助和充分的时间(练习机会),那么几乎所有的学生都能完成学习任务或达到规定的目标。这种学习理论的核心思想是许多学生之所以未能取得最优异的成绩,问题不在智力方面,而在于未能得到适合他们各自特点所需要的教学帮助和学习时间。因此,只要创造出适当的教学条件,全面地、最大限度地开拓和促进每个学生的发展潜力,就能最终达到让绝大多数学生"掌握学习"的目的

学习内容分析

网络搜索是网络应用部分的核心内容,也是学生互联网应用的一个主要方面。如何又快又准确地搜索到自己想要的信息,关键词的选择非常重要。本节课提供了两段微课视频,一个是如何确定关键词,一个是关于图片搜索的相关知识

学生情况分析

本节课的教学对象是高一年级学生,学生在这节课之前学习了网络基础、IP 地址与域名的相关知识,他们在日常生活中经常使用网络搜索的功能。但面对复杂的搜索问题往往没有正确的方法,不会正确使用关键词进行搜索,没有经过系统的训练。对于搜索引擎的以图搜图的功能很多同学不知道,没有使用过。

教学方式与教学手段说明

本节课采取课内翻转的教学方式。课前老师将教学内容录成视频上传到学校的学习平台(rtzx.chaoxing.com),学生利用自己的用户名、密码登录到平台,先自己观看相关的视频。然后结合网络搜索竞赛的试题进行课堂练习。最后学生要在学习平台上参与老师规定的讨论问题

技术准备

将学生的用户名、密码导入学习平台;
将微课视频上传至学习平台相应的章节;
发布本节课讨论问题

课前任务设计

登录超星慕课学习平台,熟悉学习过程

本课教学目标设计

知识与技能:理解如何根据搜索问题选择关键词;学会使用多个关键词进行搜索的方法;知道图片搜索中按条件筛选的作用;知道以图搜图的作用。

过程与方法:学会利用搜索引擎选择合适的关键词进行搜索;掌握筛选图片的方法;掌握以图搜图的方法;熟悉学习平台的使用方法。

情感态度与价值观:体验网络搜索的强大功能;体验复杂问题的分析与搜索

教学过程与教学资源设计

教学内容	教师活动	学生活动	所需教学资源	指导策略说明
教学引入 上节课同学们学习了计算机网络 IP 地址与域名的基本知识。 这节课来体验使用互联网进行搜索,这也是我们平时应用最多的互联网的功能。 首先请同学们用自己的用户名、密码登录我们学校的网络学习平台:rtzx. cha-oxing. com 学生进行学习活动。 1. 进入学习界面。 2. 观看微课视频。 3. 登录 www. wotime. com. cn,进行网络搜索练习。 4. 结合视频进行学习	引导学生回顾上节课学习内容,引入本节课学习内容 引导学生进入学习活动 引导学生首先阅读平台上的学习指导 提醒学生可以根据自己的需要决定自己的学习顺序 观察巡视学生的学习过程	回顾上节课学习内容 登录学习平台 学生可以根据自己的需要决定是先看完两段视频再做搜索练习,还是看完一段视频后做练习,然后在练习过程中遇到图片的问题再到平台观看微课视频 1. 进入学习界面。 2. 观看微课视频 3. 登录 www. wotime. com. cn,进行网络搜索练习	学校学习平台 "如何选择关键词"微课视频 "图片搜索"视频 全国青少年计算机表演赛网站上的网络搜索题目	把课堂真正还给学生,学生自己把握自己的学习进度

续表

教学内容	教师活动	学生活动	所需教学资源	指导策略说明
5. 在学习平台记录遇到的问题及解决的办法	对于学生在学习过程中出现的问题进行及时指导	4. 结合视频进行学习 5. 在学习平台记录遇到的问题及解决的办法	本节课问题讨论 总结回顾本节课所学知识	
课堂总结 学生总结本节课主要学习内容 学生回复的讨论内容	引导学生做好本节课小结 阅读学生回复的讨论内容,对于有代表性的回复,在全班阅读	总结本节课学习内容 阅读观看同学在讨论区的回复内容,互相学习,互相启发		

学习效果评价设计

本节课从以下几方面来评价学生的学习:
学生整节课学习的状态;
学生在观看视频时,回答穿插在视频中的问题的正确性情况;
在登录全国青少年计算机表演赛网站中做题的准确率;
参与学习平台中课堂讨论的情况

"关键词搜索"微课教学设计

设计说明：

微课虽小，"五脏俱全"，微课是针对一个知识点或一个难点的短小精悍的视频讲解形式，在设计时也需要根据学情制订教学目标、设计相应的教学过程等因素，以期提高教学效率。

授课教师姓名	王玉英	知识点名称	搜索关键词的使用 使用多个关键词
网站用户名		适用年级	初一年级
学情分析			初一年级的学生具备了初步的互联网操作知识，但没有系统学习过网络搜索的基本知识，他们在进行网络搜索时目的性不强，经常利用整个句子进行搜索，在挑选关键词、利用多个关键词进行搜索的意识不强
教学目标			1. 知道什么是关键词 2. 学会选择合适的关键词以及使用多个关键词
教学重点、难点			教学重点：根据自己的需求提炼关键词 教学难点：使用多个关键词进行搜索
设计思路			本部分内容的设计依据的是《网络信息搜索》中的第二章"精确定位"和第三章"快速准确"中使用关键词进行搜索的内容。我对它们进行了整合并加入了一些学生在进行网络搜索时遇到的问题。经过几分钟的学习，学生可以对利用关键词进行搜索的知识全面了解和学习
教学导入			现在，网络已经成为我们学习生活不可或缺的一部分，在进行网络搜索时，搜索引擎会根据我们输入的关键词，在自己的索引数据库中找到所有相关网页，这些网页与关键词相关性越高，在返回的结果中排名越靠前。因此，关键词提供得越准确，搜索到的结果就会越准确。 　　这节微课我们就来学习如何正确选择关键词，首先我们来了解一下什么是关键词

讲解什么是关键词	**一、什么是关键词** 　　在网络搜索中，关键词就是你输入搜索框中的文字，也就是你命令搜索引擎寻找的相关信息。 　　你可以命令搜索引擎寻找任何相关内容，所以关键词的内容可以是人名、网站、新闻、小说、软件、游戏、星座、工作、购物、论文、视频等。关键词应该是有意义的实词。 　　关键词形式上可以是任何中文、英文、数字，或它们的混合表示
讲解如何确定合适的关键词	**二、选择确定合适的关键词** **1. 从问题中直接寻找重要的核心词汇** 　　例：一位_____（国家）的心理学家对长时记忆和遗忘进行了研究，并绘制了不同时间间隔的记忆节省图，通常称为保持曲线或遗忘曲线。 　　我们可以分析得到这个问题的核心词汇是"保持曲线"或"遗忘曲线"。 　　利用"遗忘曲线"作为关键词很容易找到答案，遗忘曲线是德国的心理学家艾宾浩斯研究发现的。 **2. 使用多个词汇作为关键词进行搜索** 　　在进行网络搜索的时候，很多时候仅仅使用一个关键词不能达到搜索目的，需要使用多个词汇作为关键词才能完全表达搜索意图。 　　比如，要期末考试了，北京市朝阳区初一年级小华想查找去年的期末数学试题，他应该用什么关键词搜索呢？ 　　从这个问题来看，我们可以找到的核心词汇或短语有北京市朝阳区、初一年级、去年的期末数学试题。 　　如果分别用这三个词作为关键词会有什么搜索结果呢？请你用这三个词作为关键词进行搜索。 　　很显然，分别用这三个词搜索时，返回的结果都会与小华的搜索意图相差太远。我们还会发现，当用"去年的期末数学试题"作为关键词搜索时，结果中第一条的颜色字体部分虽然与输入的关键词完全一致，但找到的是2011年的初三数学试题，而第二条找到的是2008—2009年的试题。这说明"去年"这个词对于搜索引擎来说是不明确的。我们必须要告诉它"去年"是2013年才可以。 　　因此我们用："北京市朝阳区 初一年级 2013年数学期末试题"这几个词组合起来作为关键词，每个词之间用空格分开。 　　搜索结果中对输入的三个关键词满足率越高的网页排名越靠前。往往第一条就是我们要找的搜索结果。 **3. 在同义词中选择最适合自己需要的关键词** 　　还要注意，在用同义词搜索时，搜索结果是不同的，如分别用"电脑""计算机"或"computer"搜索，三者的查询结果差距很大。 　　需要你根据自己的搜索需求，在同义词中选择合适的关键词。另外，当用一个关键词搜索不到自己想要的内容时，可以考虑用它的同义词进行搜索。 **4. 字形搜索关键词** 　　只知道某个字的字形，想查询它的读音时，可以用字形的描述作为关键词

续表

讲解如何 确定合适 的关键词	比如,我们看到这样一个字"鱻",在搜索框中输入"三个鱼"就可以找到这个字读"xiān"。 5. 整个句子可以作为关键词 另外,一个完整的句子也可以作为关键词。 一个很短的句子,比如什么是计算机病毒?可以作为关键词进行搜索。 而使用长句子作为关键词进行时,搜索引擎会自动去除句子中无意义的词汇,返回用有意义的词汇作关键词搜索的结果。但是搜索引擎对有效字数是有规定的,多余的汉字会被当作无效汉字处理。 因此,还是建议同学尽量少用整句作为关键词
总结	三、总结 下面对本次微课的内容做个小结: 有问题找网络,关键词选择要掌握。 核心词汇精挑选,多词搜索加空格。 同义词,认真挑,字形搜索要用好。 整句慎作关键词,反复实践长技巧
教学反思	本节微课紧紧围绕关键词搜索引领学生进行了全面的学习,首先讲解了什么是关键词,接着学习了如何选择关键词以及使用多个词汇作为关键词,还讲解了同义词作为关键词时会出现的问题以及字形搜索的方法。最后利用顺口溜的形式总结了关键词搜索的使用。经过教学实践检验,本节微课给学生留下了深刻的印象,教学效果很好

作业设计:

1. 小华家的电脑的浏览器默认主页被修改并锁定了,请你选择合适的关键词进行网络搜索,帮助他找到解决这个问题的方法。

2. 请查询"劦"的读音。

作业说明(命题思路、答题方向或参考答案)。

作业分两道题,第 1 题检测学生是否掌握了根据需求提炼关键词和利用组合关键词进行搜索的方法,学生可以利用以下组合关键词进行查询:"默认主页修改锁定"。

第 2 题检测是否掌握了字形描述作为关键词查找字的读音的方法,查询关键词为"三个力"

"电子地图综合应用"微课教学设计

使用说明(可多选)：√□课前预习/√□课堂播放/√□课后复习/
√□自主学习/□其他_____

内容说明

知识点：
百度地图的使用方法
内容分析：
本微课利用两个小朋友打算去颐和园游玩为主线,将电子地图的知识点穿插起来,学习了电子地图的热力图、公交线路查询、查看地图、测距以及手机电子地图的一些功能

教学目标分析

知道百度地图的热力图应用,会查询公交线,会查看地图,会测距,会利用手机电子地图查找附近餐饮等功能

教学重难点分析

教学重点:公交线路查询。
教学难点:查看全景图

教学过程

教学环节	师生活动	对应 PPT 页码
引入	一、引入 　　放暑假了,小华的表弟小明从外地来到北京国贸附近小华的家,小华想带他出去玩玩,要去哪儿呢? 小明不愿意到特别拥挤的景点。小华说,那好办,利用百度地图来看看哪个景点游人比较少吧。	第1张
新知讲解	二、热力图 　　小华打开百度地图,将默认城市设置为北京市,在左侧面板图标中选择了"热力图"。 　　热力图列出北京市很多景点的拥挤情况,他们看到天坛公园当前游人很少。那就到天坛公园玩吧。 　　三、公交线路搜索 　　接下来他们需要查一下从国贸小华的家到天坛公园的公交线路。 　　回到百度地图界面,小华在搜索框下侧点击"公交"选项,在起始点输入"国贸",在终止点输入框输入"天坛公园",搜索一下。 　　左侧列表框中就显示了不同的乘车路线,右侧图中蓝色线条画出来相应的路线图。 　　小明特别想坐一下北京的地铁。经过比较他们决定采用第一条推荐线路,这条线路是乘坐地铁1号线在东单下,换乘5号线在天坛东门站下。 　　小明赶快拿笔要记下这个线路。小华说不用拿笔记,可以把这个线路信息发到他的手机上。 　　他点击"发送到手机",在出现的界面中填写了手机号码和验证码后,这条线路信息就发到他的手机上了,真是太方便了。 　　四、查看地图及全景图 　　接下来,小华将鼠标放在地图中左上侧的放大缩小滑块上,将滑块向上拖动,放大地图,这样终点附近就看得很清楚了。 　　他点击右上角的全景图,一个摄像头的图标就会跟随鼠标的移动而移动,他将鼠标移到终点附近单击进入查看到了终点附近的全景图。 　　在全景图中可以身临其境看到天坛公园东门的实景。在这个界面中可以在路上前进后退,改变摄像头的角度,还可以查看天坛公园东门附近的其他实景图。 　　小华看了这个全景图后对于路线更胸有成竹了。 　　两个小伙伴带好所需物品后,高高兴兴地出发了!	第2张 第3张 第4张 第5张 第6张 第7张 第8张

续表

教学环节	师生活动	对应 PPT 页码
	五、查找附近餐饮信息 　　他们坐地铁很快来到天坛东门站，根据全景图的记忆很快找到了天坛东门。他们在天坛公园参观了祈年殿、回音壁、圜丘等著名建筑，深深被古代建筑文化所吸引，拍了很多照片，玩得特别尽兴。	第 9 张
	不知不觉来到天坛公园南门，这时候两个小伙伴已经饥肠辘辘了。他们想在附近找个饭馆补充点能量。	第 10 张
	小华拿出手机，当他打开手机电子地图后，手机就对小华他们所在的位置做了精确定位。 　　他选择屏幕下方的发现命令。在"发现"界面中选择"附近"按钮。	第 11 张
	屏幕显示出美食畅饮、酒店住宿和娱乐休闲等项目，小华选择了美食中的快餐后，手机屏幕显示出他们所在位置附近的快餐店。	第 12 张
	他们挑选了第一个南门小吃店。然后选择"路线"命令，出现搜索结果，因距离南门小吃店特别近，他们选择步行，再选择向右的箭头命令，手机就显示出小华所在的位置到南门小吃店的路线图。	第 13 张
	他们根据线路提示，向南走再向右拐，很快找到了这个小吃店。 　　两个小伙伴吃好后准备回家，小华说今天玩得太累了，打车回家吧。	第 14 张
	他打开手机电子地图，选择打车命令，在打车界面按住屏幕下方的按钮说出他们所在的位置和要去的目的地后，没多久一辆出租车停在他们面前，他们坐上出租车很顺利地回到了家。	第 15 张
总结	六、总结 　　我们跟随小华他们的行程，学习使用了百度地图中的热力图、公交线路查询、全景图等功能，还体验了利用手机电子地图的查找附近信息、打车等功能。手机上类似的电子地图软件有很多，操作起来大同小异，大多数都可以通过提前将地图下载到手机上而实现零流量查询。相信你会很好地将这些应用到自己的生活中。 　　谢谢收看，再见！	第 16 张

作业设计及说明

作业设计：

　　小华的叔叔从天津市开车到北京小华家,请小华给他查一下行车路线,小华应该怎样利用百度地图查询呢?

作业说明(命题思路、答题方向或参考答案)：

　　利用这个作业不但巩固百度地图的路线查询功能,还可以让学生体验跨地区查询的效果,对百度地图的综合应用产生更深层次的理解

"微课在中学技术课程教学中的
应用实践研究"结题报告

一、研究背景

在中国普通高中课程结构中,技术课程是一个基础的学习领域,是一门立足实践的课程。它还是一门高度综合的课程,强调各学科、各方面知识的联系与综合使用。同时技术课程是一门以创造为核心的课程,是培养学生创新精神和实践能力的重要载体与有效途径。微课应用于技术课堂教学可以最大限度地适应学生的个性化学习,给学生提供更多的操作实践机会,力求提高学生的创新意识和创新精神。

在技术课堂教学中,学生的操作水平参差不齐。不同层面的学生可以根据自己的需求利用微课有选择性地进行学习。微课这种形式为教师面向全体学生提供了可能。使用微课后,老师也可以从课堂上"解放"出来,可以为学生提供更多的答疑和个别指导。老师由传统的知识传授转变为真正的学习指导者,学生的自主学习能力也会极大提高。

另外,教师在教学过程中主动应用微课教学也是一个提高自己的基本教学素质的过程。在录制微课过程中的 PPT 的制作及讲解过程等,都是一个教师基本功和教学能力全面提高的过程。

二、研究的目的与意义

(一)研究目的

(1)解决以往技术课程课堂教学中的不能满足学生个性化学习需求的问题,增加师生、生生在课堂教学中交流的时间,使课堂教学能够聚焦解决学生在学习过程中出现的问题,提高课堂教学的实效性。

(2)利用微课为学生创建有利于自主学习、创新的,和谐的学习环境,使学生体验一种基于微课的数字化学习方式,为使学生适应网络化学习、自主化学习从而为实现终身学习打下良好的基础。

(3)使教师在研究微课的制作及使用过程中提高自身的专业素养。

(二)研究意义

1. 理论意义

通过对微课在技术课堂应用的研究,深入理解技术课程教学中微课的内涵,理解微课应用的相关理论,探索技术学科知识类型,在实践中掌握技术学科微课的类型、录制方法、特点,在微课应用于课堂教学的基础上总结微课在学科课程中应用特点及原则。

2. 实践意义

一是通过利用微课进行学习,使学生体验一种基于微课的学习方式,为使学生适应网络化学习、自主化学习进而为实现终身学习打下良好的基础。二是在教学过程中进行微课的应用实践研究,可以最大限度地面向全体学生,从而增强学生学习技术课程的兴趣,进而提高学生的技术素养,以适应信息化社会对学生的要求。三是微课在技术课堂上的应用研究,可以增加学生与教师交流的机会,创建和谐的,便于师生交流、生生交流的创新型课堂,为技术课程的课堂教学增添活力。四是通过研究微课及其录制方法及在课堂教学中的应用,提高教师的理论与实践相结合的研究水平。

三、核心概念的界定

本研究所定义的微课,采用教育部发布的微课的参评项目及相关要求中提到的微课定义,认为与微课程是一回事,可以是在线的,也可以是课堂上即时发给学生的短时间(10分钟以内)的教学视频以及其他相关资源。

微课:全称"微型视频课程",它是以教学视频为主要呈现方式,围绕学科知识点、例题习题、疑难问题、实验操作等进行的教学过程及相关资源之有机结合体。

技术课程:本文所指的技术课程指的是目前在中学阶段开设的《信息技术》与《通用技术》两门课程。

四、研究方法

本研究采用文献研究法、行动研究法和调查法相结合的研究方法。

(1)文献研究法:查阅文献,了解国内外微课相关理论及微课应用于教学的研究现状。

(2)行动研究法:根据技术课程标准以及我校学生的实际情况梳理技术课程

的知识点。与教学进度相结合,有计划、分步骤地进行微课的录制与应用。

(3)调查法:对我校学生在技术课程学习方面的基本情况以及微课使用效果设计问卷进行调查分析,以便设计制作更好的微课应用于教学。

五、研究的过程

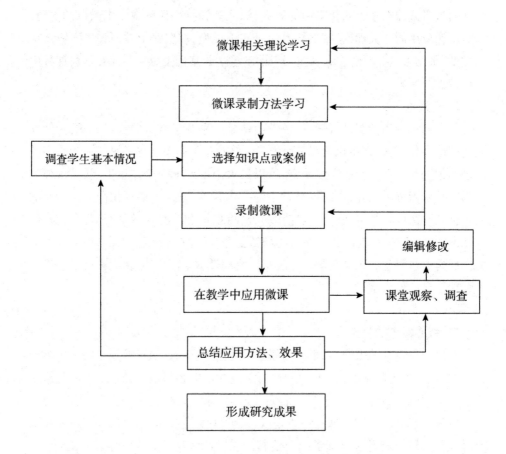

(1)2013年12月至2014年2月,学习微课相关理论知识以及制作方法。

(2)2014年3月至2014年7月,根据教学进度内容和本校学生实际情况在教学中进行微课应用实践。

(3)2014年7月,设计调查问卷,总结在技术课程中微课应用的经验,为下一轮微课的应用打好基础。

(4)2014年9月—2016年10月,对新高一学生进行调查,了解学生的基本技术素养。根据学生的实际情况,在第一轮应用微课的基础上,借助于网络学习平台进行第二轮、第三轮微课应用的实践研究,边研究边总结边提高。

六、研究的主要内容

（一）学习研究微课设计制作的相关理论

1. 布鲁姆学习目标分类

教育目标分类学的标志性研究成果是以布卢姆为首的专家团队于 1956 年正式出版的《教育目标分类学，第一分册：认知领域》。随着实践应用问题的不断产生及学习心理学的创新发展，当年编写专家和学者们意识到必须对其进行修订和扩充。经过多次讨论，于 2001 年由 L. W. Anderson 和 D. R. Krathwohl 主编，正式出版《学习、教学和评估的分类学——有卢姆教育目标分类学修订版》（A Taxonomy for Learning, Teaching, and Assessint – A Revision of Bloom's Taxonomy of Education Objectives）一书。01 版分类体系将教育目标重新分为两个维度：一个是知识维度，一个是认知维度。知识维度主要协助教师来区分教什么，认知过程维度主要协助教师明确促进学生掌握和应用知识的阶段历程。

知识维度专指知识的分类，共分为四类：事实性的、概念性的、程序性的和元认知的。事实性知识指独立的、特定的知识内容，如关于名词的知识等；概念性知识相对于事实性知识要复杂、更有组织性，如关于理论、模型、结构的知识等，事实性知识和概念性知识都是指有关什么的知识。程序性知识指如何去做的知识，如关于技能、方法的知识。元认知知识指对个体认知方面的知识，如关于策略的、任务情景和自我认知的知识等。

认知维度由低到高分为六个类别，记忆、了解、应用、分析、评价、创作。如下表所示。

知识维度	认知过程维度					
	1. 记忆	2. 理解	3. 应用	4. 分析	5. 评价	6. 创造
A. 事实性知识						
B. 概念性知识						
C. 程序性知识						
D. 元认知知识						

第一级：记忆，学习者能够回忆，重新叙述并记得学过的知识。

第二级：了解，学习者通过解释和翻译他们所学的内容抓住信息的含义。

第三级：应用，学习者在一个与众不同的环境中使用信息。

第四级：分析，学习者将学过的信息分成能最好理解的几部分信息。

第五级：评价，学习者基于深度的反思，批判和评价做出决定。

第六级：创造，学习者使用他们之前学到的知识来创造新观点和新信息。

新版布鲁姆分类法使目标、活动和评价相联结，便于我们在微课应用的教学过程中对教学目标进行具体的分析，便于将教学活动与教学目标一一对应，从而提高教学的效率。

布鲁姆的新版教学目标分类可以指导教师进行教学设计，分清知识类型以及相应的教学方法，指导知识点的选取，指导微课的录制，指导微课的课堂使用。

2. 布鲁姆的掌握学习理论

布鲁姆认为只要给予足够的时间和适当的教学，几乎所有的学生对学习内容都可以达到掌握的程度（这里的"掌握"通常指完成一个评价项目）。学生学习能力的差异不能决定他要学的内容和学习的好坏，而只能决定他将要花多少时间才能达到该内容的掌握程度。换句话说，学习能力强的学习者可以在较短的时间内达到对学习内容的掌握水平，而学习能力差的学习者花较长的时间也能达到同样的掌握程度。

在技术课程教学中应用微课，学生对于一些复杂的操作可以借助视频反复观看，避免因没看清老师的操作问老师或问其他同学的尴尬，从而使后续的学习顺利进行。

3. 微课的特点

微课的特点就是"短小精悍"，其中"短"指的是时间短，一般微课的视频时间在 10 分钟左右；"小"指的是知识粒度小、容量小，微课遵循小步子原则，不超过认知负荷，便于学生进行碎片化学习。微课容量小的特点便于网络传输、在线播放、移动学习。"精"指微课内容精选、设计精心、讲解精细、制作精良。"悍"指学生利用微课学习效率高、效果好。

（二）调查研究我校学生信息技术学习的基本情况，根据学生的实际情况，选择整合技术课程教学内容，梳理技术课程的知识点与知识类型

1. 调查问卷数据分析

我们分别于 2014 年 9 月初、2015 年 9 月初、2016 年 9 月初对我校高一学生进行了问卷调查。调查问卷从以下几个方面对学生进行了调查和了解：家中电脑及上网基本情况；初中学习信息技术的情况；学生对一些软件掌握情况；学生在应用信息技术遇到问题时的解决方法；学生对学习信息技术的态度及兴趣；学生希望教师如何辅导；对于学习数据库模块、算法和程序设计模块、多媒体技术模块、计算机网络应用模块的兴趣倾向。随着无线网络的发展和手机联网的普及，调查问卷在 2016 年增加了 Wi-Fi 及手机上网的调查内容。

从调查结果数据来看,我校学生家中绝大多数都有电脑,并且能够连上互联网,最近一年的调查数据显示几乎所有的家庭都连上了 Wi-Fi。

三年的调查数据显示,绝大部分学生喜欢上信息技术课。而对于初中是否参加过计算机方面的竞赛的数据,则明显呈下降趋势。

三年的数据都表明,有约 60% 的学生信息技术技能来源于学校信息技术课程的学习,说明学校的信息技术课程对于学生的信息素养的养成起到了很大的作用。认为自己对于计算机操作很熟练的同学仅占个位的百分比,并且呈逐年下降趋势。对于信息技术课的学习方式,超过 65% 的同学喜欢老师先讲后练或边讲边练的形式,而以教师讲解为主的方式喜欢的同学则很少。说明学生在课程学习中一方面比较依赖老师的教,另一方面还是希望有一定的自主学习空间。对于一些算法及稍微专业一些的问题,学生回答正确率都不高,说明学生初中学习了一些软件的使用,接触过算法以及稍深入一些的知识很少。对于在学习过程中出现问题希望老师如何帮助解决这个问题,有超过 60% 的学生选择了利用即时软件,并且这个百分比逐年上升。另外有接近一半的学生希望得到老师单独面对面辅导,这个数据基本上三年都比较稳定,没有太大变化。

对于学习信息技术课程的目的这个问题,三年的调查数据都显示学生喜欢扩展的知识,喜欢与社会发展与进步相适应的新知识。

从这些调查数据来看,在高中阶段应该加强算法等计算机专业知识的学习,同时,要在课堂上引入一些扩展学生知识面的新知识。在课堂教学中应该多创造一些与老师单独交流的机会,教师应该注意及时发现学生遇到的问题并帮助学习及时解决。

2. 调整信息技术学科教学内容,形成我校信息技术学科课程内容体系(略)

在课程内容调整的基础上,形成了我校技术课程的三层体系,如下图所示。

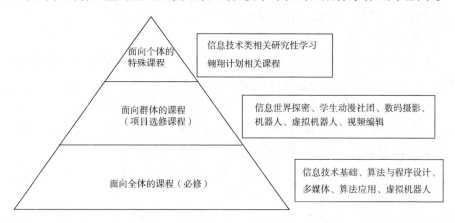

（1）面向全体学生的课程内容整合

一方面将信息技术学科本身教学内容中重合的部分进行了有效的整合，另一方面与数学学科的相关内容整合，这种整合打破了学科之间的界限，对于学生知识体系的完整构建起到了至关重要的作用。

（2）重视算法教学，强调算法的应用

学生在第一学期学习算法的基础上，在第二学期依托虚拟机器人、单片机机器人学习算法的应用。这样使枯燥的、难以理解的算法有了形象化的展示，也与学生的日常生活紧密联系起来，学生在这个学习过程中理解了智能家居的概念，理解了技术在改变人们生活方面的作用。这与当前信息技术课程新课标改革的方向是一致的，也与现代高中生适应社会的需求是一致的。

（3）将校外竞赛内容与校内教学内容相结合

校外的各种竞赛是检验学生的学习水平和提高学生学习兴趣的重要阵地。在教学内容的选取上，我们充分考虑了竞赛的要求。

在面向群体的项目选修课程中，为学生提供了信息学奥赛、学生动漫社团、数码摄影、机器人、虚拟机器人、视频编辑等课程，学生可以根据自己的兴趣选择学习。

在面向个体的特殊课程中，除了信息技术类研究性学习和与信息技术相关的翱翔计划课程外，我们还积极与校外培训相联系，采用带学生走出去参观等形式，开阔学生的视野。

随着技术的快速进步和社会的发展，信息技术课程有些教学内容以及教学方式还会做相应的调整。但无论如何变化，我们都坚持育人为本的理念，"以育人为核心，能力培养为主导，选择性为主要特征"进行信息技术课程的构架和实施，为学生提供丰富多彩、多样性的课程，适应21世纪的人才素质要求，把学生培养成具有较高信息素养，适应信息社会发展的高中生。

3. 梳理信息技术课程教学内容知识点

在录制微课之前，我们对技术学科的知识进行了梳理和分类。下表是校本教材《算法与程序设计——与数学整合》的知识点梳理与分类。（略）

在梳理知识点及其知识类型的基础上，结合教学实际，将操作复杂学生不容易看清操作步骤的程序性知识，课堂核心的教学内容（事实性知识、概念性知识），学生课堂学习的重点、难点、易错点、典型案例等录成微课。

（三）微课的录制方法以及在录制过程中应该注意的问题

1. 微课录制的一般过程

无论是现场演示型微课还是录屏式微课，它们的录制过程一般要经过以下几个阶段。

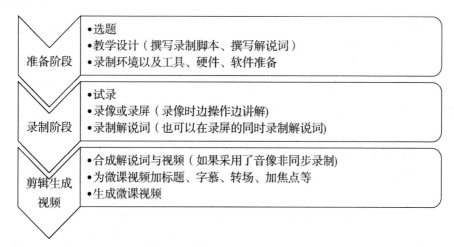

微课视频录制是微课制作的关键环节,而选题与教学设计是微课质量的决定因素。

在微课设计过程中选取教学内容要注意简短、聚焦、有价值。要使学生感觉到值得学(要有用)这是微课选题的首要条件。

微课的教学目标要注意单一、明确、易实现,在充分分析学习对象年龄、学习特点、学习基础的基础上制定合适的教学策略。教学内容最好是问题化、任务化、情景化。这些都确定好后,形成微课的教学设计,再制作课件、选择合适的录制方式、撰写录制的脚本后就可以开始录制了。

如案例一所示,微课的教学设计包括微课名称、教学目标、重难点分析、教学过程、作业设计及说明等几个部分,需要注意的是对于每张PPT所用的时间要有预判和设计。

案例一,微课教学设计(略)

2. 撰写解说词

在录制一些操作性内容的微课时,往往需要我们一边操作一边解说,但在初期录制视频时容易发生各种口误或解说语言不规范的情况。如果我们在录制屏幕之前将解说词写好打印出来,可以确保语言的通顺和规范,避免科学性错误。

撰写解说词还可以保证教师对整节微课的内在逻辑心里有数。逻辑清晰的微课老师录制起来轻松,学生学习起来省力。

撰写解说词时要"心中有学生",对学生的称呼要用"你"或"同学",而不用"你们"或"同学们"这样群体性的词汇,要使学生在利用微课学习时产生一种与老师面对面单独辅导的感觉。语言要科学规范、生动形象、幽默风趣、注意引导性的话语的使用,跟学生之间要有互动,最好要留出给学生思考问题的时间,要注意启发学生的思维。

案例二,微课解说词案例(略)

3. Camtasia Studio 6.0 软件的使用及注意事项

使用无论 PPT 讲解式录屏或者是演示操作录屏还是案例讲解式录屏,课题组老师录制微课都选择了 TechSmith 公司的 Camtasia Studio 6.0 版本的软件。利用这个软件录制的过程以及注意事项有以下几点。

(1)讲解式微课的 PPT 的要求。PPT 画面避免过于花哨,字体要统一,最好使用黑体;每屏汉字不要过多,也不要使用过多的动画效果,但每一屏的停留时间不要太长,以免学生产生厌烦情绪。

要注意避免一切对学生的学习不必要的干扰。最好使用和学生的电脑一样的操作系统,在正式录制前关注显示卡的"硬件加速"以免录制的视频出现鼠标明显闪烁现象。

(2)选择全屏录制还是只录制屏幕的一部分要看实际需要。如果想让学生看到任务栏中打开的程序可以使用全屏,否则可以使用录制部分屏幕或将任务栏隐藏,以避免将学生的注意力吸引到老师在任务栏中打开的程序中来。

(3)因技术学科微课都是在课上使用,最好不要出现教师的头像。

(4)在操作过程中,鼠标指针不能移动太快,否则会让观看者感到紧张和焦虑;鼠标指针在按钮和菜单上应该有意地停留 1 秒以上以便学生能看清和识记;可以使用变焦和批注代替语言"告诉"学生应该看哪里。用画面而不是语言进行讲解不仅节省时间,而且能够增强你用画面语言进行描述的能力。要充分利用你的视频画面展示属性,让你的视频画面更清晰、易懂,更会"说话"。

(5)在录制微课时要随时想象自己正在向一个全然无知的人进行讲解和演示。有了这种预设微课才会有上课时应有的轻重缓急,而不仅仅是冷冰冰的操作描述。

(6)录制好视频后,需要将它们导入 Camtasia Studio 中。此刻应该立刻存盘,将当前的项目文件保存在默认文件夹下并起一个恰当的文件名。在以后编辑视频时就可以随时进行保存了。

第一次将视频拖到"时间轴"上进行编辑时会弹出"项目设置"窗口,此时最好选择"录制大小"。

(7)给自己的微课加标题剪辑,微课最好在录制视频时就把它分成一个个短小的片段,这样录制起来更方便,后期编辑的时候也可以方便地在每一部分的前面添加一个"标题剪辑"。"标题剪辑"可以让学生明确每一部分的主要内容,便于记忆,更重要的是学生可以只挑选某一段剪辑来学习。

(8)适当剪辑视频,对于录制过程中有口误的地方,可以再录一遍,用软件的剪辑功能剪掉说错的部分即可。

(9)利用好软件的"变焦"功能,掌握了它你就掌握了一种无声的"语言",就能够让学生的注意力不自觉地随着你的意向而转移到最恰当的地方。

(10)声音处理。Camtasia Studio 6.0 可以增加音量,也可以消除噪音,只需选择"任务列表"中"编辑"下的"音频增强"即可。需要注意的是,在消除噪音时尽量选择"手动选择有噪音但是没有旁白的音频区域",这样效果会更好。

(11)生成视频

视频编辑完成后要生成视频,方法是选择"文件列表"中"生成"下的"生成视频为",此时会弹出"生成向导"窗口,在此我们可以选择最终生成视频的分辨率,但最好选择"自定义生成"设置。

如果我们没有在上一步改变保存路径,最终生成的视频会保存在 Camtasia Studio 的安装路径下。生成的视频会保存在一个文件夹里,文件夹名为前面输入的视频名称。打开文件夹,我们会看到很多文件。如果我们打开其中的视频格式文件,只能看到视频无法看到"目录表",只有打开其中的网页文件才能看到刚才生成的目录表。

(12)使用"目录表",这是 Camtasia Studio 提供的一个非常有用的功能,一方面它可以将视频中的每一部分通过标题总结归纳,便于识记;另一方面学习者可以任意挑选其中的某一部分反复观看。

(四)微课在技术课程课堂教学的应用

技术课程微课均是在课上使用,根据教学目的、微课的形式不同,在信息技术和通用技术课程教学中有不同的应用方式。

1. 学生自由观看

在通用技术教学中,微课的形式基本上都是演示操作类录像式微课,这些微课录制的是教师对工具的使用或一些操作活动的操作过程的演示,教师课前将微课存储到专业教室的电脑硬盘上。在课堂教学过程中,学生如果对教师的演示有没有看清楚的地方,可以随时打开自主观看。

2. 在教师引导下选看

在"APP Inventor 手机 APP 开发"选修课中,教师事先将慕课中的微课视频下载下来,根据教学的需要,指导学生选看一些重点、难点部分的微课视频。因为慕课中的每一节课是一个小项目,完成这个项目会分成几个微课视频讲解,慕课的视频讲解非常详细,有的已经达到了"烦琐"的地步,每个项目案例学完基本上都得需要四五个小时。而我们的选修课,教师在课堂上与学生直接面对面,有一些问题叙述起来更直接、高效。因此,我们会指导学生不必完全看微课学习,而是在老师的指导下有针对性地选看。

3. 在特定的教学环节观看学习

技术课程的课堂教学大多数上课地点是在专业教室,一般来说,信息技术课堂教学有以下几个环节。

引入—新知学习—操作练习—(讨论探究)—创新制作—反思总结。

微课几乎可以应用于以上所有教学环节。

(1)用于课堂引入环节

往届学生录制的介绍自己创意制作的案例讲解式微课往往被用来作为课堂引入。对于制作的作品,通过同龄人讲出来更加能够吸引学生的注意力。

(2)用于新知讲解环节

很多利用PPT进行新知讲解型微课被用于新知讲解环节,这起到了代替老师一部分新知讲解的作用。教师课前或课上将微课视频下发到每台学生机,课上进行到新知讲解部分时,学生戴上耳机自己看微课视频,可以边看边操作,也可以看完再操作,没有看清楚没听懂的地方还可以倒过来反复观看。

以下这个教学案例微课应用在了新知讲解环节。

案例三,微课应用于新知讲解环节

"选择结构程序设计"教学案例(略)

(3)用于难点破解环节

①排除操作难点

微课在为学生排除难点,扫清操作障碍方面也起了很大的作用,在以下这个案例中,学生通过这段微课的学习,很快掌握了登录虚拟平台的方法,避免了这个对教学目标关系不大的操作干扰,为学生顺利进行核心内容的学习节约了宝贵的课堂时间。这样,老师可以有更多的精力回答学生在操作过程中出现的其他问题,也会有更多的精力关注全体学生。

案例四,微课用于排除操作难点

"Office宏病毒及其查杀"教学案例(略)

②解决学生学习过程中出现的问题

在课堂教学进行的过程中,有时候需要老师对学生出现的问题进行精确的预判,当学生出现这个问题时,我们适时地引导学生利用微课进行学习,会达到事半功倍的效果。

案例五,微课用于解决学生操作过程中出现的问题

"利用 Excel 中函数进行数据统计和分析"教学案例(略)

(4)用于课堂教学结束前的总结展望环节

在课堂教学结束前的总结阶段,可以统一播放学生录制的案例说明展示型微课,也可以播放在其他慕课平台下载的开阔学生视野的微课视频,以达到引发思考、期待下节课教学的效果。

4. 用于案例讲解演示

在《算法与程序设计》等课程教学中,有一部分课程内容是老师设置一个操作案例,一些操作要求穿插在这些案例中。

这种类型的微课,往往是老师将完成案例操作的整个过程录制成微课,学生可以观看微课视频完成案例的操作,如下面的"打病毒游戏"案例中,学生观看案例讲解式微课,照猫画虎完成案例后发现了案例中存在的问题,在老师的引导下学生自己通过讨论探究等方式及时解决了问题。

案例六,微课用于案例讲解演示(略)

5. 微课用于复习课

在复习课上,更能发挥微课的重要作用,教师可以将微课存储到服务器上,学生对于遗忘的内容随时调出相应的微课进行观看学习。

案例七,微课用于复习课

"FrontPage 网站制作复习课"教学案例

[背景及问题]

过去八年只要我在初二年级开课就会在第二学期教授 FrontPage 网站制作。学生在此前通过 Word 和 PPT 的学习提高了获取信息、存储信息、管理信息和信息表达的能力。在网站制作中他们在这些方面能够得到更为系统化的训练。同时,网站制作也是对初中阶段学生综合信息素养的很好检验。

尽管单纯从技术上看,使用 FrontPage 制作网站十分简单,但对于初二年级的学生仍然有相当的难度,主要体现在使用 FrontPage 制作网站必须严格遵照一定的程序,一点细微的差错都会造成网站出现问题。另一个问题是,学生上课的时间间隔较长(每周一节课),在开始新课时前面学过的内容可能已经遗忘。对于学习 Word 和 PPT 这一问题影响不大,因为各个操作相对独立,一个操作的错误或者遗漏一般不会影响后面的操作。在制作网站时则不是这样,任何环节的错误都可能导致后续操作无法进行,还可能造成最终做出的网站出现各种问题,所以学生在制作网站的过程中必须熟知每一个步骤。这对把信息课当作休息课的学生来说无疑是一大挑战。为了检验学生前期的学习效果,也为了帮助学生掌握网站的制作流程,我会安排一次期中考试,要求学生根据提供的素材在一节课的时间内制作一个网站。针对学生可能遇到的困难,我采取了以下措施。

1. 归纳总结制作流程,以 PPT 的形式发给学生。

2. 写出重点环节的详细操作步骤,以 Word 文档的形式存放在服务器上供学生查阅。

3. 每节课的主要内容制作成微课,存放在服务器上供学生随时查看。

几乎从一开始教授 FrontPage,我就意识到了提供网站制作流程的重要性。经过几年的时间我逐步完善和优化了流程,在期中考试时以 PPT 的形式发给学生。为了解决学生遗忘的问题我把制作网站的几个关键环节的操作步骤保存在三个 Word 文档中供学生参考。从去年开始我制作了每节课的微课,既可以在平时教学中使用,也可以作为考试时的参考。采用微课教学有效地解决了学生学习进度不一、容易遗忘等问题,大大提高了学习效率,有利于突破网站制作的重点和难点。但微课学习也产生了新的问题:有了随时可以观看的微课,学生往往会看一步做一步,不愿费心费力地记操作步骤,更没有意识到这些步骤之间存在某种内在联系。另外,为了让每节课内容充实、生动有趣,我会在微课中增加一些拓展内容,故意设置一些疑难问题。这些内容在使学生学会更多网站制作技巧、启发思维的同时,也让微课容量大大增加,不利于学生从中找到网站制作的主线。因为大多数学生缺乏区分微课中主要信息和次要信息的意识和能力,在制作网站时,往往简单地将每节微课中的内容相加,不会从中提炼核心内容、归纳制作流程。为了帮助学生理解和掌握网站的制作流程、学会有效地利用 Word 帮助文档和微课,我在本学期期中考试前增加了一节复习课。

[过程及方法]

1. 提出考试要求,发送《期中考试评分标准》给学生。让学生通过阅读评分标准了解要完成的任务是什么,制作出来的网站必须符合哪些要求。学生会发现每一条评分标准相互独立、缺乏逻辑性,对制作网站的帮助并不大,不可能按照评分标准制作网站。(5分钟)

2. 期中考试要求学生根据提供的素材在一节课的时间内制作一个网站。在复习课上为了降低难度,只要求学生能够把前面几节课上做过的网站重做一遍,时间是一节课。

3. 首先,在不提供任何帮助文件的情况下让学生制作网站。由于大部分学生还没有在头脑中构建出制作网站的整体流程,记忆的都是互不相关的零星操作,所以绝大部分学生仅做了 2~3 分钟就无法继续了。通过这个活动,学生明白了虽然已经学习了很长时间,但是自己并没有真正掌握制作网站的方法,一旦没有了微课,自己的头脑中还是一片空白。此时他们会很自然地期待有人能够告诉他们

如何快速地做出一个网站。这种需求成了学习网站制作流程的动力。(5分钟)

4. 发送《FrontPage网站制作流程》给学生,学生浏览,初步形成印象。此时学生遇到了新的问题,流程中的操作涉及前面六周的学习内容,学生对这些操作大多已经生疏,如果让他们依靠自己的回忆或者看微课重新学习这些操作,一节课的时间是远远不够的。(2分钟)

5. 为了节省时间、提高效率,我通过屏幕广播向全体学生演示了制作网站最重要的前七个步骤,并强调了其中的重点和可能遇到的问题。有了前面失败的经历,学生对演示的关注度极高。看到老师只用几分钟就把他们做了几节课的网站大体做了出来,学生充分感受到了网站制作流程的神奇力量。(5分钟)

6. 为了解决大部分学生仍然记不清操作细节的问题,我在服务器上共享了《网站制作指南》,其中包含两个部分:Word文档和微课。Word文档详细描述了流程中最重要的几个环节的操作,微课则包含了平时教学中的所有内容。我建议学生使用Word文档,因为Word文档中的内容更简单、明了,没有任何与流程无关的内容。另外,阅读文字也比看微课更节省时间。至于微课,只有当遇到Word文档中没有包括的内容时才需要观看,而且只需看微课中与制作流程有关的部分。(2分钟)

7. 学生制作网站,教师指导,解答问题。(25分钟)

[效果及分析]

在上学年的教学中,我虽然向学生提供了《FrontPage网站制作流程》、相关的Word文档和微课,也提出了指导意见,但没有给学生留出时间理解和掌握使用这些帮助文件的方法,更没有给他们提供试错和改正的机会,而是让他们在考试中直接实践。结果相当一部分学生完全无视我的指导,选择了最简单的办法:边看微课边做网站。因为把所有的微课看一遍就需要大约30分钟,所以在一节课内边看微课边做网站注定会失败。结果这些学生越做越急躁,越做越没有信心。他们不仅没有在期中考试中复习和巩固前面学到的知识,反而因为要在很短的时间内完成大量的操作而陷入思维的混乱,甚至失去了继续学习的信心和兴趣。

这次,在我演示了制作流程并给学生充分的时间去实践后,绝大多数学生都能够自觉按照流程制作网站。即使在复习课上没有这么做的学生因为发现按自己的想法行不通,大多也会在期中考试时调整方法。不仅如此,学生还惊喜地发现,一旦掌握了网站的制作流程就再也不需要死记硬背那些烦琐的操作步骤了,由于步骤本身具有了逻辑性,所以记忆起来会更容易。在期末考试时已经有相当一部分学生只看网站制作流程就能很快地做出一个网站了,甚至有少数学生可以完全凭自己脑海中的流程完成网站的制作。

这节复习课的效果远远超乎我的想象。大部分学生通过这节复习课理解和掌握了制作网站的流程。在本学期比以往各学期少了两周课时的情况下，期末考试学生自选主题制作的网站完全看不出与往届学生的差距，在网站制作上出现的问题反而大大减少了。从中我领悟了一个道理：任何软件的使用都存在一个最佳流程，掌握这个流程就会事半功倍。被这个流程串联起来的操作便于记忆、不易遗忘。只有把学生从记忆操作细节中解放出来，他们才有精力发挥想象，实现自己的创意。教师不仅要努力找到这个流程，还要采取合适的方法、留出足够的时间让学生掌握这个流程。表面上看，学生为此花费了大量时间，留给后面学习的时间减少了；实际上学生在理解和掌握了流程后学习效率会大大提高，在后面的学习中会越来越快，越学越轻松，最终会在有限的时间内学习更多内容。

另外，从这节复习课中我还发现了在复习阶段使用微课的方法。信息技术学科的微课主要是操作实录，虽然减轻了学生的学习负担，但也助长了他们的惰性。在传统教学中一般都是教师先演示学生再模仿。这种方法的优点是学生必须首先记住教师的操作，为了快速记忆他们还会不自觉地整合和优化信息、抽取重点。因此看教师演示学习虽然比看微课更困难，但学生的主动参与度却更高。另外，由于教师的演示一般不会重复，会对学生造成无形的压力，促使他们集中注意力。有了微课，学生往往会看一步做一步，不会做的时候再重新看一遍。因此他们会在不知不觉中失去理解和记忆的动力，久而久之甚至会丧失这些能力。解决这一问题的有效方法之一就是在一段相对完整、自成体系的学习内容之后增加独立的复习课，在复习阶段对所学内容进行全面的梳理，彰显其中的内在逻辑，从整体上构建知识，找到操作的最佳流程。此时微课的作用也发生了改变，学生要从简单模仿微课中的操作转变为快速查找其中的有用信息。这时微课的低效也会显现出来，学生会重新发现文字的好处：虽然枯燥、抽象，但直白、高效。从完全按照微课亦步亦趋，到寻找规律、归纳流程、参考文字，在需要的时候定点参看微课，学生会逐步体会不同形式信息的特点，掌握其合理的使用方法，在不知不觉中将信息素养推向一个崭新的高度。

6. 形成系列微课，结合在线慕课平台使用

我们分别在14—15学年第一学期、15—16学年第一学期和15—16学年第二学期把初一《信息技术》、高一《信息技术基础》和《算法与程序设计》三门课程上传到超星慕课平台做成慕课的形式，供学生进行自定步调的学习。

案例八，与网络教学平台结合（略）

（五）微课应用效果

经过三轮的微课教学应用实践，无论是在课堂结构、学生的学习方式、教师课

堂角色的转变以及师生、生生交流等方面,微课都起到了举足轻重的作用。

1. 微课的应用使课堂教学的时间分配发生了变化,增加了解决课堂教学关键问题的时间

技术课程教学中微课的使用使课堂教学环节的时间分配发生了变化,相比于不用微课的传统教学,学生学习事实性知识以及程序性知识的时间缩短了,而进行师生、生生讨论及探究的时间加长了,师生不再纠结于一些与教学目标不太相关的琐碎的操作,而是更加关注于知识本身。

微课的应用在激发兴趣、更好地理解新学知识,实际操作指导、突破难点、强调重点、启发思维等方面都起到了很大的作用。

微课对呈现事实性知识和程序性知识有很大优势。在课堂上使用可以为师生节约出时间来关注高阶思维的养成。

2. 微课的应用解决了以往课堂中存在的一些问题

一方面教师课前认真录制的微课、使用的语言更规范消除了因教师疲劳等原因引起的班级之间的差异。

学生利用微课进行学习,对于不懂的地方可以反复观看,而不再"麻烦"老师和其他同学,对很快完成课堂练习起到了很大的帮助作用,从而提高了课堂教学效率。

3. 师生角色发生了转变

传统的高中信息技术教学课堂中,会存在教师占据着大部分信息技术教学课堂,在一定程度上忽视对学生在性格特点、兴趣爱好、学习能力等方面差异性的了解的情况。所以可能会出现是教师在讲台上辛苦地教学,学生则处于被动听讲的状态,既无法激发学生的学习热情,也无法调动学生积极主动地参与学习活动。而微课的使用,学生可以根据教学设计的安排,在课堂教学的几个不同环节自主观看微课视频,真正成为自己学习的主人,而教师则真正变成学生学习的帮助者和指导者。

4. 在线慕课的使用,使学生体验到了新的数字化学习方式

利用在线慕课,学生可以进行自定步调、自定内容的学习,学生体验到自主学习方式,还体验到了在线慕课等数字化学习新方式。

5. 微课的应用融洽了师生关系

学生利用微课学习会感觉到老师是在面对自己一个人讲,拉近了师生之间的距离。老师不再为重复刚刚讲过的"技术含量不高"的问题而烦恼,学生也不会因为怕问问题而感到不好意思。课堂上老师有时间对学生进行更多的学习指导,师生交流的机会更多,老师由讲台上走到学生中间,与学生研究讨论,增进了师生感

情,融洽了师生关系。

6. 微课在课堂教学中的使用便于创建和谐的课堂氛围

和谐的课堂氛围是学生创造性得以发挥的非常重要的条件,而技术学科又是一个特别需要发挥学生创造力的一个学科,如学生利用所学的技术知识进行创意作品的制作等。如果没有一个宽松和谐的课堂氛围是不能实现的,而微课的使用使师生从一些"没有技术含量"的问题中解脱出来,讨论"真问题",师生、生生真正"讨论问题",师生都会有很大的成就感。

7. 学生参加各种技术课程相关竞赛获得很多奖项

随着将竞赛内容与教学内容整合以及微课在课堂教学中的应用,提高了技术课程在学生心目当中的地位,转变了他们对于技术课程的观念和认识。学生在教师的指导下兴致盎然地参加了相关的校外竞赛,据不完全统计,3 年来课题组老师辅导的学生获奖的多达 86 人次。

8. 课题研究提高了课题组参与老师的科研意识,提高了教师的专业素质

据不完全统计,3 年以来课题组成员撰写论文 5 篇,获得各种奖励的有 97人次。

附1 学生利用微课学习后的感想体会

学生1:我觉得微课大大利用了网络的便利,尽可能地提升了上课的学习效率,我们可以针对自己的问题,自己选择听课重点,当有不明白的地方时,我还可以多听几遍,知道明白。

学生2:我很喜欢微课,因为任何人的理解能力都不一样,有时候不明白还可以倒回去,方便又明了。老师的讲解细致,每一步都示范,每一步都有解说。学习中遇到了什么困难基本都可以在微课视频中找到解决的方法。自己实在解决不了的,就请教老师、同学。我们往往错的不是步骤,而是一些很难察觉的拼写错误。

虽然微课给了我很大帮助,可微课毕竟是某种模式,不会变通。老师讲解时可以及时讨论,发散思维。

学生3:微课学习我觉得很好,老师将本节课的内容录成视频,发给每位同学,我们边看视频边学习,遇到不会的地方可以重复看,避免老师讲过后忘记或是没懂,这种方法我觉得以后可以常用。当然,有时遇到的问题,是看视频无法解决的,我通常会看一下程序代码有没有写错,如果无误的话,会询问一下周围同学,如果实在不能解决,就寻求老师的帮助。

当然这种微课学习我觉得还是有一定缺点的,同学们照着视频做,一步跟一步,中间缺少了我们自己的思考、自己的理解,就只是有过程而我们 copy 过去,所

以我觉得这方面微课还是有一点问题的。

附2　教师参与课题体会

在参与课题研究的过程中,大量录制、使用微课,使得自身的专业水平在不知不觉中得以提升和发展,具体表现在以下几个方面。

1. 能够充分、准确地分析学情

在微课录制前,首先要弄清学生的认知水平和已有的知识水平,这样才能有针对性地确定需要录制的主题及内容,所以我逐渐养成了充分细致的学情分析的习惯,也具有了准确把握学情的能力。

2. 提高了现代信息技术应用能力

制作微课,需要了解和掌握许多相关软件,如录屏、截屏、声音编辑、格式转换等,使得教师的信息技术综合应用能力得到快速提高。

3. 课堂教学口头言语能力得到训练和提升

在录制微课过程中,为了让学生轻松、愉快、兴致盎然,不但要保证语言流畅、逻辑性强,还要考虑语流、语气、气息、发声等技术,这样在反复的录制过程中,自身的言语表达能力也得到了有效的训练和大幅的提升。

4. 微课的录制与应用也促进我的自我反思能力。

微课的录制不是一蹴而就、一劳永逸的,需要根据学生的反馈情况不断地进行改进。微课在应用过程中也是"研究—实践—反思—再研究—再实践——再反思"的过程,激发我不断地进行自我反思和归纳总结,在不知不觉中成长起来。

总之,这个课题为我们提供了专业化发展的一个平台,在课题的引领下,我们积极改变教学方式,深入研究课堂教学,深刻进行自我反思,大胆地进行课堂实践,为学生的自主学习和个性化学习提供了条件和资源,同时也使自己在专业化发展的道路上不断地前行。

七、研究结果及分析

(一)技术课程微课的特点

近3年来我们使用的微课据不完全统计有200节左右,这些微课有课题组老师自己录制的,也有从慕课中下载下来根据教学需要剪辑修改的,还有结合微信公众号使用的微课,如下表所示。

微课来源	录制人员	微课类型	制作方法	时长
课题组教师自录 大学慕课 微信公众号中的微课视频	教师 学生	录像演示式 PPT 讲解录屏式 操作录屏式 案例讲解演示式	现场录像(多用于通用技术课) 截取慕课片段 录屏	2 ~ 8 分钟

技术课程微课的内容涉及了通用技术的部分内容以及初高中信息技术教学的方方面面,包括信息技术基础、网络搜索、Excel 基本操作、PPT 基本操作、FrontPage 基本操作、文献收集、虚拟机器人基本操作、Scratch 程序设计、APPInventor 手机 APP 程序开发与制作、算法与程序设计等,其中算法与程序与《算法与程序设计》校本教材一配套形成了系列微课。

技术课程微课与大型在线课程慕课以及其他学科参加竞赛的微课相比有如下几个特点。

1. 选取的知识点类型

信息技术学科主要选择的知识点类型为事实性知识、概念性知识以及程序性知识,其中程序性知识占有很大的比重。

2. 微课讲解的人员

有教师讲解录制的微课,也有录制学生讲解自己的创意作品的微课。

3. 微课的分类

既有利用 PPT 将老师的讲解过程录制下来的 PPT 讲解录屏式微课,有将教师在屏幕上的操作过程录下来的操作录屏式微课,有录制的教师现场操作的录像演示式微课,还有录制的学生讲解自己创意作品案例式微课。

4. 微课录制方法

主要采取了三种录制方法:一种是 PPT 讲解录屏法,一种是操作讲解录屏法,还有一种是操作演示录像法。

在技术课程中,学生学习的知识涉及不同的知识类型,对于事实性知识和概念性知识适合利用 PPT 讲解式微课形式,而对于程序性知识则适合利用屏幕操作演示(信息技术)或现场操作演示录像(通用技术)的形式。

5. 案例讲解型微课具有很强的综合性

我们录制的技术课程微课有很大一部分是案例的讲解,因此,在这样的微课中知识点是穿插在案例的完成和操作之中的,在一个案例中往往涉及不止一个知识点。

6. 技术课程微课不追求形式上的"完整"

技术课程微课在表现形式上不追求完整(如微课的引入、片尾等),可以是在操作过程中的一个片段,目的是解决学生学习过程中的难点问题。

(二)技术课程微课应用的原则

微课的使用终其根本就是要帮助学生学习。因此,微课应用的原则就是要以学生的学习为中心。微课的设计、制作或使用都要遵循这个原则。

(三)技术课程教学中微课应用特点

应用对象	应用时间	应用地点	应用课型	应用教学环节
初一、初二、高一学生	课上使用	专业教室 (通用技术教室需要配备存储微课的电脑)	正课、选修课	新课引入 新知讲解 难点突破操作演示 总结展望 复习课

技术课程微课应用对象包含课题组成员所在学校的初一、初二、高一的学生,在应用时具有如下特点。

(1)应用时间为课上使用。

(2)微课的应用与教师学生面对面教学过程紧密相连,微课的使用为师生交流、生生交流创造了空间和时间。

(3)应用地点在信息技术或通用技术专业教室。

(4)信息技术专业教室需要人手一台电脑,并配备有耳机,随时能接通互联网。通用技术教室可根据学生人数配备5~10台电脑供学生随时选看微课视频。

(5)应用微课的课程类型,技术课程使用微课既包含信息技术与通用技术的常规课程,也包括提高学生兴趣、扩展学生知识面和视野的选修课。

微课的应用与教学环节有机融为一体,微课的应用与教学目标、教学设计紧密相关,贯穿了教学的各个环节。

(四)技术课程微课应用注意事项

(1)在课前,教师要检查好学生观看视频所需的软、硬件,以保证学生能够顺利观看微课。

(2)容量大的微课最好使用FTP文件传输,以免下发微课的时间过长。

(3)微课的应用要与教学目的、教学过程紧密结合,找准微课出示的最佳时机,更好地达到教学目的。微课应用的目的是帮助学生学习,帮助学生学会学习,学会适应信息化社会的学习方式,引导学生学会自主性学习。不能为了用微课而用微课。

(4)对于案例讲解型微课的使用,学生按照微课完成案例外,在课堂教学环节上要注意加强讨论探究部分的引导,教师要注意引导学生进行深层次思维,给学生提出更加有挑战性的项目,避免学生只照猫画虎完成微课中的案例。

(5)学生在观看微课的过程中,教师要密切注意学生的反应,注意收集学生的反馈,以便对课程进程等进行及时调整。

(五)微课在技术课程课堂教学中应用的效果

从微课的应用实践来看,微课在技术课堂教学中各个环节的应用,对于激发学生的学习兴趣、师生角色的转换,避免课堂教学"一刀切"的问题等方面都产生很好的作用。另外,对于课堂教学中学生出现的问题也能得到及时解决,学生真正成为自己学习的主人。学生体验到了自主学习方式,还体验到了利用微信与微课结合的数字化学习新方式。微课在融洽师生关系、创建和谐的课堂学习氛围方面也起到了至关重要的作用。

八、研究的突破点和创新点

(一)突破点

(1)本研究基于微课的教学应用,真正使学生在课堂学习中处于主体地位,教师真正成为学生学习的帮助者、指导者。

(2)本研究在中学技术课程课堂教学中进行了基于网络平台的微课应用的实践,使学生在课堂上体验了数字化学习的新型学习方式。

(二)创新点

(1)本研究形成了具有我校特色的信息技术课程体系,在此基础上分析信息技术课程知识点及分类,形成了《算法与程序设计》校本教材及出版教材《算法的乐趣—VB一起学》,可以将研究成果推广到其他学校。

(2)本研究从微课的理论到录制再到微课有目的地应用于课堂教学,系统分析了微课在中学技术课程中应用的规律和特点,为技术课程基于微课的课堂教学提供了参考。

九、研究问题与讨论

1. 微课并不是解决一切教学问题的灵丹妙药

我们发现微课在解决程序性知识方面有很大优势,一些操作细节可以录制下来供学生仔细观看。但是从学生的反馈来看,有的学生认为有时候完全照着视频完成课堂作业,会失去深入思考问题的动力。因此,在教学过程中微课的选择使用时要将微课与课堂教学有机融为一体,无论是微课的形式还是内容的选取都要根据学生的情况不断改变,要更加注重师生、生生之间的交流活动。在后续的研究中,我们会加强微课应用与传统板书教学的对比研究,仔细分清哪些知识适合基于微课的教学。

2. 微课与网络平台相结合进行教学方面有待深入研究

我们所选择的网络平台服务器的限制,导致在课上学生登录平台时打开页面速度很慢,影响了学生使用的兴趣和教学效果。

3. 基于微课的课堂教学对于学生核心素养培养方面有待深入研究

在新课标即将颁布之际,基于学生核心素养培养的微课应用研究应该成为我们后续研究的方向。

十、附件列表

微课应用案例集

微课应用论文集

微课(光盘)

出版教材《算法的乐趣—VB 一起学》

校本教材《算法与程序设计》及配套光盘

课题组微课及应用统计表

信息技术课程知识点列表

学生调查问卷数据

学生利用微课上课视频(光盘)

学生作品及感想(光盘)

学生学习方式对比

课堂实录(光盘)

师生获奖统计表及部分奖状

2017 年 6 月

第四篇 营造良好学习环境师生互动篇

　　学习环境包括学习场所的硬件设施，包括与学习有关的所有非数字化或数字化资源，包括学生的学习方式，还包括师生、生生共同营造的情感环境。因为人际交互(包括自我交互)的顺畅也同样对学习者的学习起着不可小觑的作用。我在教学中努力为学生营造良好的学习环境，以利于学生的学习。

营造良好学习环境,培养学生创新思维

学习是个体以心理变化适应环境变化的过程。人在什么样的环境中学习,在一定程度上决定着他将获得什么样的学习结果。学习环境是学生身心赖以发展的基础,它以自身特有的影响力潜在地干预着学生学习活动的过程,系统地影响着学习活动的效果。

杜威在《民主主义与教育》中指出:"环境对人的行为有着强烈的'暗示'作用,可引导行为的内涵和方向。"任何学习活动都是发生在特定的环境中的,学习环境分析是教师教学行为设计研究的重要组成部分。

在信息技术迅速发展的今天,学习环境条件正变得日趋复杂多样,学习环境对学习者学习行为的影响也更加重要突出。人们日益重视从各种角度来研究学习环境,探讨影响学习行为过程及其结果的各种环境因素,众多研究都表明,学生对学习环境的知觉对其认知和社会发展都发挥着重要作用,学习环境的作用甚至超过了学生背景的作用。如果学习环境是有凝聚力的、令人满意的、有目标的、有组织的和少冲突的,学生的认知和情感发展状态就会更好。

传统教学设计强调的控制性、传授性,已经被证明不再适应人类的学习特性。需要一个具有开放性、支持性,激发多种思维、滋养多样性的学习环境,借以适应人类学习的复杂性、个性化和随机性。我们难以借助传统的课堂教学方式帮助人类进行充分的学习;相反,我们需要一种促进知识建构的多种刺激条件和支持条件的综合——学习环境。

信息技术学科的学习环境远比其他学科的学习环境复杂得多。其影响因素除了师生人际关系以外,还有众多硬件、软件、学习资源等。信息技术教学,不仅需要有一个良好的软硬件环境,还要创设一个具有丰富的学习资源和教学资源、畅通的师生交流空间、方便的管理平台的教学环境,探讨如何在信息技术课堂教学中营造一个利于学生创新的良好环境尤为重要。

随着信息技术和学习理念的发展,学习环境设计将逐渐从微观设计走向宏观设计,从课程设计走向课堂设计,从教学设计走向学习设计。近年来出现的翻转课堂、MOOCs 等新型教学模式,通过对课堂结构的改变,实现了"以学为中心"的教育理念,就是对学习环境设计探索的结果。

在信息技术学科教学中,技术不仅是学习的手段,还是学习的内容。如何利用现有技术营造利于学生学习和创新的学习环境是每一位信息技术教师面临的重要问题。

一、什么是学习环境

1. 学习环境的定义

随着技术的发展,学者们对学习环境从不同的角度进行了阐述。

(1)国内已有定义

国内学者更多的是通过描述学习环境的要素来界定该概念。

朱晓鸽(1996)在其论文中指出,学习环境指的是一种面对面的发生在学生与学习资源之间交流的学习过程。

杨开诚(2000)认为,学习环境是一种支持学习者进行建构性学习的各种学习资源(不仅仅是信息资源)的组合。其中学习资源不仅包括信息资源、认知工具、人类教师等物理资源,还包括任务情境等软资源。

武法提(2000)认为,学习环境是一个动态概念,它与动态的学习进程是紧紧联系在一起的,是学习活动展开的过程中赖以持续的情况和条件。武法提博士认为学习环境的要素就不仅是支撑学习过程的物质条件(学习资源),而且包括教学模式、教学策略、学习氛围、人际关系等非物质条件。

何克抗、李文光(2002)认为,学习环境是学习资源和人际关系的组合。学习资源包括学习材料(信息)、帮助学习者学习的认知工具(获取、加工、保存信息的工具)、学习空间(如教室或虚拟网上学校)等。人际关系包括学生之间的人际交往和师生人际交往。

钟志贤(2005)认为,学习环境是为促进学习者发展,"特别是为高阶能力发展而创设的学习空间",包括物质空间 + 活动空间 + 心理空间。

贺平、武法提(2006)认为,可以从以下几方面来理解学习环境的内涵和定义:

①学习环境最基本的理念是以学习者为中心。

②学习环境是一种支持性的条件。

③学习环境是为了促进学习者更好地开展学习活动而创设的。

④学习环境是一种学习空间,包括物质空间、活动空间、心理空间。

⑤学习环境与学习过程密不可分,是一个动态概念,而非静态的。它包括物

质和非物质两个方面,其中既有丰富的学习资源,又有人际互动的因素。

⑥学习者在学习环境中处于主动地位,由学习者自己控制学习。

⑦学习环境需要各种信息资源、认知工具、教师、学生等因素的支持。

⑧学习环境可以支持自主、探究、协作或问题解决等类型的学习。

(2)国外已有定义

国外学者大多数从学习活动的视角来定义学习环境,认为学习环境是促进学习有效开展的活动空间。

较早关注学习环境设计的学者(Jonassen. D. H. ,1999)从建构主义的视角出发,认为学习环境是一种以技术为支持的环境,有利于学习者开展有益的学习。

Hannafin(1992)将学习环境看作一个全面、综合的系统,它通过以学习者为中心的活动来促进人们参与学习。

Wilson(1995)认为,学习环境是这样一个场所,学习者在这里相互合作、相互支持,并且用多种工具和信息资源相互支持,参与解决问题的活动,以达到学习目标。

荷兰学者 Kirschner(1997)认为,学习环境是学习者能找到充分的信息资料和教育辅助手段的地方。借助学习环境,学习者能够有机会去根据自身的情况及其与他人的关系去构建定向基础,决定他们将介入的目标与活动。

乔纳森(Jonassen,1999)认为,学习环境是学习者共同体一起学习或相互支持的空间,学习者控制学习活动,并且运用信息资源和知识建构工具来解决问题。乔纳森认为,学习环境是以技术为支持的,在学习过程中技术是学习者探索、建构和反思学习的工具,提出了认知工具和学习策略的重要性,并且还考虑了社会背景的支持因素问题。

3. 我们对于学习环境概念的理解与界定

综合以上国内外学者对学习环境的定义,根据信息技术教学实际情况,我们认为信息技术课程学习环境包括以下三个部分。

一是有助于学生学习的所有看得见、摸得着的物理设备,包括学习地点、桌椅、计算机硬件、网络设备等。

二是与学生的学习有关的所有非数字化或数字化资源,包括教材、学案、参考资料、书籍、软件、教师提供的视频、演示文稿、操作指导性文档、操作素材、网络资源、网络学习平台等。

三是教师—学生、学生—学生共同营造的情感学习环境。情感学习环境主要由三部分组成:心理因素、人际交互和策略。学习者的学习观念、学习动机、情感、意志等心理因素对学习动机的激发、学习时间的维持和获得良好的学习效果有着直接的影响;人际交互(包括自我交互)的顺畅也同样对学习者的学习起着不可小觑的作用。

二、关于创新思维

创新是社会进步和历史发展的重要动力,是人类思维的本质特征之一。邓小平说过:"掌握新技术,要善于学习,更要善于创新。"江泽民也说过:"创新是一个民族进步的灵魂,是国家兴旺发达的不竭动力。"而创新离不开创新思维,在人类创新的实践中,创新思维具有基础性和先导性的作用,它在知识转化为力量、克服传统思维方式的缺陷等过程中发挥着重要的作用。

古今中外的学者对创新思维做了很多深入的研究,关于创新思维的含义问题,已有许多不同的认识和表述。心理学着重从创新思维活动的心理机制和心理标准等问题入手,来研究人的各种创新能力,分析创新思维过程和创造心理等;科学方法论则从科学发现的角度对创新思维展开研究,以创新思维成果来追溯创新思维的过程。正是由于研究角度和方法的不同,形成了对创新思维各种各样不同的认识。

创新思维是指以新颖、独特的方法解决问题的思维过程,通过这种思维不仅能揭露客观事物的本质及其内部联系,而且在此基础上产生新颖、独创、具有明显社会意义的思维成果;创新思维是指具有新颖性,能解决某一特定需要(目的)的思维过程及其功能;创新思维是人们自觉地、能动地综合运用性和开拓性成果的一种思维;创新思维即人的智力,它是思维能力、想象力和观察力的集中;等等。

中学生的思维活跃,正是创新思维发展和形成的最好时期,作为教师,我们要有意识地在教学过程中为学生营造利于他们创新思维培养的学习环境,有意识地鼓励学生形成创新意识。

三、信息技术学科学习环境特点

信息技术学科学习环境相对于其他传统学科来说有许多不同的特点。

1. 信息技术学科学习环境地区之间、校际从硬件、软件方面来说存在很大差异。就拿北京市朝阳区来说,学校与学校之间差异就很大。有的学校的计算机教室面积比较大,有很大的空间能组织学生除计算机操作外的其他活动。而有的学校的计算机教室面积就很小,显得很拥挤。而教室中计算机的摆放更是没有统一,很多还是"排排坐"式,学生的显示器都背对老师,学生之间也不便于讨论交流,等等。电脑中安装的软件更是五花八门,版本也是参差不齐。

2. 信息技术是操作性、实践性很强的学科,它的学习环境相对于其他学科更依赖于硬件配置和技术的发展。在教学中涉及的硬件资源相当复杂,硬件的老化与更新也是一个不容忽视的问题。

一般来说,中学大多数信息技术课程都在专用计算机教室进行,除了普遍存在的多媒体设备外,还具备网络设备和其他监控设备。如果进行机器人教学的话,还需要具备组装机器人的材料和工具等。

3. 从软件、学习资源来说,很多时候信息技术教学中软件既是学习的工具又是学习的对象。从中学信息技术学科来说,教学中涉及的软件既包括操作系统,又包括各种办公软件、动画软件、图片处理软件、声音处理软件、视频处理软件、网页制作软件,还有各种语言等,这些软件的更新速度也是相当快的。再加上老师为了帮助学生学习提供的各种数字化资源,从软件、资源来说,每一节课的环境可以说都是一个"系统"工程,需要教师精心设计、认真规划,才能更好地帮助学生学习。

4. 信息技术学科学习环境会随着技术的发展发生很大的变化。网络学习环境所具有的这种分布式特点和强大的交互性为个性化学习提供了技术上的可行性,丰富的网络学习资源更为个性化学习提供了相当强大的支持。在网络学习环境中各种学习资源变得触手可及,教师、学习伙伴、专家、各种活动都被重新定义为学习资源,可以不受时空限制进行优秀资源的共享。

5. 信息技术学科学习环境中,受技术的发展影响,学生的学习方式也发生了很大的改变。互联网的发展与使用使学生的个性化学习、自主学习、探究学习成为可能和必备的技能。

四、营造有利于学生创新思维培养的信息技术学科学习环境策略分析

1. 根据学科不同知识类型引导学生选择不同的学习方式,营造适合学生不同学习方式的学习环境

中学信息技术学科的学习内容有很多,既有概念性知识,又有事实性知识,还有程序性知识。既是实践性很强的学科,又是一个快速发展的学科。

学生对于信息技术学科知识的习得的学习方式应该是多种多样的。既有接受性学习,又有社会性学习和自主性学习。作为信息技术教师要学会分析学生学习的知识类型,根据这些知识类型选择合适的教学方法,从而支持学生不同的学习方式。

比如,学生获得概念,一般要经过获得感性知识、抽象本质属性、准备表达定义和建立概念系统四个阶段。我们要使用概念形成策略和概念同化策略使学生对相关概念有一个全面的认识和理解。

对于事实性知识的学习,心理学家认为知识的重要性、知识内容激发学生的想象的程度等是影响事实性知识学习的主要因素。因此,在信息技术学科教学中要注意结合教材扩展大量基本的、综合的信息,补充丰富的、具体的、多样的、与学生的学习生活紧密相关的背景资料,为学生营造一种他们熟悉的场景。还要注意要将知识有组织、有系统地,有结构地呈现,通过建立新旧知识之间的相互联系来学习新知识。

2. 为学生营造发现问题、解决问题的学习环境

爱因斯坦说:提出一个问题往往比解决一个问题更重要,只有善于发现问题和提出问题的人,才能产生创新的冲动。无论是在课堂的教学活动、学校的学习环境中,还是在家庭的日常生活中,都存在着值得研究的信息技术问题。教师要注意引导学生去发现和提出各种问题。

信息技术的学习就是学生学会获取信息和处理信息的过程。为学生营造发现问题、解决问题的学习环境,可以使学习内容和情境有机地集合起来,凝聚学生的注意力,在很大程度上激发学生强烈的问题意识和学习兴趣,从而引发学生积极地思考。同时,可帮助学生主动而又轻松愉快地理解学习内容,进行实践活动。基于问题的学习是以问题情境作为学习的起点,易于激发学习者的学习兴趣,兴趣在心理学中指个体积极探索事物的倾向,它使个体对某事物给予注意,并带有积极的情绪色彩。大量的事实表明,学习的愿望总是在一定的情境中产生的,问题性的情境常常对学生具有强大的吸引力,更容易激发学生强烈的学习愿望,这样对营造良好的课堂氛围大有益处。

在教学过程中,教师要注重创设问题情境,问题情境要与主题相关,要与学生的经验有关,还要能够引起学生探究的动机。教师在教学过程中可以给学生营造一种虚拟的、现实中不能实现的问题情境。这个情境虽然不是现实生活中的,却是学生非常感兴趣的,提出的问题又是学生非常想知道结果的。学生在解决问题的过程中会很投入,会带着好奇和兴奋去寻找问题的答案,会不断地挑战自己。经过对问题的探究和解决,学生对于某个知识或者技术能够解决什么类型的问题,是如何解决的,解决过程是什么会有深刻的认识。

在信息技术课堂中为学生营造发现问题、解决问题的学习环境可采取以下方法。

(1)诱导法。这种方法是指在教师提出问题后,对学生加以必要的提示和诱导。

(2)变换法。这种方法是指教师把大家熟知的问题变换角度或者变换提法提出来。

（3）追问法。这种方法是教师逐步设疑、质疑，提出一个个问题，层层递进，追问到底的一种方法。

3. 为学生营造利于培养积极的态度和情感的学习环境

情感是非智力因素的核心，教学中教师不仅要"传道、授业、解惑也"，而且更要注重培养学生积极的情感，使学生产生良好的情感体验，从而保持乐观的学习态度。

那么，如何在信息技术教学中营造培养学生积极的态度和情感的学习环境呢？

（1）转变教师角色，铺垫积极情感的培养

心理学家罗杰斯认为，人的认知活动总是伴随着一定的情感因素，当情感因素受到压抑甚至抹杀时，人的自我创造潜能就得不到发展和实现。而只有用真实的、对学生个人的尊重和理解学生内心世界的态度，才能激发学生的热情，增强他们的自信心。新课程理念强调，教师应是学生学习的组织者、引导者和参与者，师生平等、共同发展互动。教学应致力于营造一种无拘无束的轻松心理氛围，解除学生的思想顾虑。传统意义的教师教、学生学将让位于师生互教互学，彼此形成一个真正的学习共体，达到教学相长。转变教师在教学中的角色，更新教育理念，创造民主、平等、和谐的教学气氛，为培养学生积极的情感态度做好铺垫。

（2）以情感化学生，引发积极情感

动情是引发情感主体积极的情感反应。对学生"晓之以理、动之以情"，既是形成教育效果的条件，又是一种催化。教师必须具有真挚和丰富的情感，真心实意地关心爱护学生，尊重学生人格；加强与学生的情感交流，以情感化学生，引发学生积极的情感。多与学生谈心，关注每一位学生在信息技术学习上的需要，及时地向学生伸出温暖的手，为学生排忧解难。只有在教育教学中，公平、公正地对待每一位学生，以真情和循循善诱的课堂教学感化学生，降低他们紧张和焦虑的程度，减轻他们的心理压力，满足他们安全感和归属感的需要，才能激发学生的学习热情，使他们身心愉快地参与到学习当中。

（3）注重教学方式，渗透积极情感的培养

把情感态度的培养渗透到日常的教育教学中，是在信息技术课程中实现情感态度目标最重要的环节和过程。因此，悉心研究教材，精心策划，采用多种多样的教学方式，是培养学生积极情感态度的最直接途径。具体的做法可以采用：①创设真实情景的任务，②开展丰富的合作学习，③应用课程内容进行情感教育。

（4）采用积极评价，促进积极情感的培养

通过评价使学生在信息技术课程学习中不断体验进步与成功，认识自我，建立自信,调整学习策略,促进学生信息技术应用能力的全面发展。皮格马利翁效应及教学实际亦证明:教师的肯定性评价,对学生的学习信心能起到较好的鼓励作用。教学中要善于捕捉学生的闪光点,对学生的点滴进步及时表扬鼓励,对不足进行正确归因,使学生感到努力就有希望。重视使用积极鼓励语,帮助学生树立自尊、自信,产生学习动力。如当学生回答问题时,教师总是认真倾听,面带微笑,眼光流露出热情。答对了,应及时肯定,教师的表情话语会给学生带来成功的喜悦,从而不断强化参与的信心。答错了,要使用建议性的、易接受的、委婉的表达,使学生重树信心。根据学生水平的差异,设计不同的目标,采取适当的评价,让每个学生都有成功的体验,激发成就感和自豪感,促进参与欲,促进积极的情感态度的培养。

4.营造宽松的课堂氛围

学习是一种个性化行为。作为教师,应当在课堂教学环境中创设一个有利于张扬学生个性的"场所",让学生的个性在宽松、自然、愉悦的氛围中得到释放,展现生命的活力。宽松良好的课堂氛围能促使师生感情融洽和谐,平等合作。积极愉快的情绪能使学生的学习兴趣得以提升,思维敏捷,从而更容易接受知识,迸发出智慧的火花,焕发出语文课堂的活力,优化教学效果。因此,宽松愉快的教学环境、活跃的课堂气氛能有效地提高教学效率,达到教学相长的目的。教师在课堂教学中,要以学生为主体,激发他们的学习兴趣、学习积极性,真正做到教师只是课堂教学的组织者、引导者,学生才是学习的主人。在这种环境下学生的创意才会喷涌而出。

那么,如何营造宽松的教学环境呢?

第一,教师要研究学生。了解学生对信息技术学习的心理感受和需要,给学生创造良好的学习环境,充分发挥学生的主观能动性,让他们逐渐进入主体角色,能够主动地学习,自主地学习,成为知识的主动建构者,形成自主学习的课堂结构模式。

第二,让学生活起来。首先让学生大脑活起来:课堂允许一问多解,答案不求统一;鼓励学生发挥天马行空的想象力。其次让学生的嘴活起来:课堂多展开讨论、交流。再次让学生的手活起来:上机多让学生自主操作。这样学生就会真正成为课堂活动的主体,自信心得到增强,组织性得到加强,也会更珍惜课堂,自然形成宽松良好的课堂氛围。

第三,关注学生的个性化学习,允许学生犯错,保护好学生的质疑思维品质和发散思维品质,为学生的创新思维、创新能力提高提供宽松的课堂氛围。

5. 利用信息技术为学生搭建个性化、自主学习的环境

信息技术学科学习环境中,学生的学习方式也发生了很大的改变。互联网的发展与使用使学生的个性化学习、自主学习、探究学习成为可能和必备的技能。为学生搭建个性化、自主学习的环境可以通过以下教学模式实现。

(1)翻转课堂

翻转课堂(flipped classroom 或 inverted classroom)首先由教师根据教学目标创建短小的教学视频,学生在家或学校观看教学视频并做针对性的练习,然后再回到课堂中进行师生、生生间答疑解惑、探索交流、分享成果来达到预期教学效果。它主要以建构主义和掌握学习理论为指导,以网络资源和信息技术为依托。从教学设计发展到教学视频的录制、网络自学、协作学习、个性化指导、教学评价等方面都是对传统教学的颠覆。

(2)慕课

大型开放式网络课程即 MOOC(massive open online courses)。MOOC 是最近几年涌现出来的一种在线课程开发模式,它发端于过去的那种发布资源、学习管理系统以及将学习管理系统与更多的开放网络资源综合起来的旧的课程开发模式。通俗地说,慕课是大规模的网络开放课程,它是为了增强知识传播而由具有分享和协作精神的个人组织发布的、散布于互联网上的开放课程。

慕课的授课形式是一种将分布于世界各地的授课者和学习者通过某一个共同的话题或主题联系起来的方式方法。尽管这些课程通常对学习者并没有特别的要求,但是所有的慕课会以每周研讨话题这样的形式,提供一种大体的时间表,其余的课程结构也是最小的,通常会包括每周一次的讲授,研讨问题,以及阅读建议等。慕课的测验形式:每门课都有频繁的小测验,有时还有期中考试和期末考试。考试通常由同学评分(比如,一门课的每份试卷由同班的 5 位同学评分,最后分数为平均数)。一些学生成立了网上学习小组,或跟附近的同学组成面对面的学习小组。

(3)微课

微课是指按照新课程标准及教学实践要求,以视频为主要载体,记录教师在课堂内外教育教学过程中围绕某个知识点(重点、难点、疑点)或教学环节而开展的精彩的教与学活动全过程。

微课是指为使学习者自主学习获得最佳效果,经过精心的信息化教学设计,以流媒体形式展示的围绕某个知识点或教学环节开展的简短、完整的教学活动。它的形式是自主学习,设计是精心的信息化教学设计,形式是流媒体,内容是某个知识点或教学环节,时间是简短的,本质是完整的教学活动。因此,对于老师而

言,最关键的是要从学生的角度去制作微课,而不是从教师的角度去制作,要体现以学生为本的教学思想。

(4)微信教学

微信教学在多媒体网络环境中进行,需要移动手机终端,多媒体广播系统、投影等设备,学生机应装有软件 ArduinoIDE(集成开发环境),另外还有教师为教学设计的课件及课程配套的教学素材资源。手机和计算机上装有微信软件,教师建立班级学习群,在微信上建立虚拟班级和虚拟课堂,利用微信群和微信公众平台作为教学辅助,在群内推送消息(要学习的内容:文字、视频等),设置微话题,组织学生进行讨论,搭建师生及时互动的教学环境。教师设立微信公众号,将自己的教学心得、感悟写成原创文章发表在公众号里面,也可以展示学生的作品,拓展学生的思路。

以上利用信息技术为学生搭建个性化、自主学习的环境的教学模式均体现了"以学为中心"的教育理念,通过对课堂结构的改变,为学生的个性化、自主化学生提供了广阔的虚拟空间。

总之,在中学信息技术学科教学中,教师要注重为学生营造以利于学生自主学习和创新性学习的良好学习环境,这不仅是可能的,也是非常必要的。

参考文献:

[1]教学环境对学生学习活动的影响[EB/OL].[2011-02-01].
http://www.mdv.com.cn/res/seniorgeo/consult/book/013/jxlu_29.htm

[2]陈小燕.创新思维的哲学思考[D].北京:中央民族大学硕士学位论文,2007.

[3]陆根书,杨兆芳.学习环境研究及其发展趋势述评[J].高等工程教育研究,2008(2).

[4]周寅.学习策略方法教学问题诊断与导引:中小学信息技术[M].长春:东北师范大学出版社,2003.

[5]李妍.乔纳森建构主义学习环境研究[D].上海:华东师范大学,2007.

[6]钟启泉.学习环境设计:框架与课题[J].教育研究,2015(1):113-121.

[7]钟志贤.论学习环境设计[J].电化教育研究,2005(7):36-41.

[8]贺平,武法提.论学习环境的理论基础[J].现代教育技术,2006(6):36-39.

[9]钟志贤.面向知识时代的教学设计框架[D].上海:华东师范大学,2004.

激发学生眼中的光芒，促进学生
在研究中学习和成长

各位专家、领导、老师们：

大家下午好！

我发言的题目是激发学生眼中的光芒，促进学生在研究中学习和成长。

学生眼中的光芒是对新鲜事物的好奇，是对未知世界的探索，在人生的各个阶段都是最宝贵的。

我校作为北京市市级示范校，一向重视学生的研究性学习、个性化学习，在创新拔尖人才培养方面做出了有益的探索。在这个过程中我们始终坚持一切为了学生发展和健康成长的原则，始终坚持研究性学习，无论作为一门课程或者作为一种学习方式都要围绕学生经历自己探究的过程，紧紧围绕学生的学习生活实际来进行，好的课程应是给学生搭建研究的平台。

从刚才的视频短片中我们可以看到，在创设研究性学习环境方面，学校做了大量的工作。不仅保证课程及研究的时间，还鼓励打破年级、学科之间的界限，最大限度给学生提供各种展示、竞赛的舞台。作为一名普通的信息技术教师，非常感谢学校给了我们这么宽松的环境，这样我们才能毫无后顾之忧地全身心投入自己喜爱的教学之中。

我带的校本项目课的名称是"信息世界探密"，在这个校本课中，我们学习C＋＋的基本语法知识、一些典型的算法和数据结构的基本知识。现在这个课上共有学生18名，其中初一同学10名、初二同学4名、高一同学4名。初二学生是学过一年的，而初一和高一的学生都是刚刚学习了一学期。根据学生的情况，我在第一学期讲解了基本语法的基础上，本学期主要采取了学生教学生的方法，初二或高一的同学每次准备一个算法和相应的练习题。然后由他们为其他学生讲解。

上课气氛非常好，完全是一种互相探究、探讨的氛围。初中同学的创意、思维活跃与高一学生的逻辑思维相得益彰,经常能碰撞出意想不到的思维的火花。在这个课堂上同学之间互相讨论、互相帮助已经成了一种学习习惯,老师只起到一个把握方向、穿针引线的作用。

这学期的校本项目课程已经接近尾声了,大家的进步非常明显,在5月30日刚刚举办的北京市创新人才培养暨北京市第二届"王选杯"信息学交流大会上,我们这个课程共有10名同学参与了这次活动,有两名同学获得一等奖,1名同学获得二等奖,其他7名同学获得三等奖。这次练兵也为我们10月份参加全国及北京市信息学奥林匹克竞赛打下了一个很好的基础。

这些成绩的取得是与领导的关怀和激励分不开的,两位教学主任深入我们的课堂中激励学生好好学习给予很大的帮助。

另外,在课堂中为学生创设既动脑又动手的环境是非常必要的。在高 信息技术课的算法模块教学中,以往我们只是学习算法的理论知识。这学期我借助我们朝阳区研究人员自主研发的单片机,在利用算法解决实际问题以及模拟现实生活方面进行了尝试和实践。上面这个输入输出板上有8个LED灯和两个数码管,还有8个按钮,主板上除了CPU以外还有一个蜂鸣器。我们利用4节课的时间学习相关的基础知识,例如,点亮LED灯、使数码管显示数字或字母等。然后我引导学生自由结组、自定主题利用主板和这个输入输出板制作出一个作品。学生先是对自己的作品进行了整体规划,然后进行了编程实现。

这是我们上课的一些场景。学生体验着以前讲过算法的分支结构、循环结构等专业知识转换成了实实在在的作品,他们在制作这些作品时很兴奋。

在这个过程中学生遇到了许多问题,他们互相讨论、问老师,想方设法解决。学生之间的实质性讨论以及互帮互学很自然地发生了。

从这些图片可以看出,同学们都非常专注,觉得时间过得特别快,经常是打下课铃时还不愿意下课。

他们中很多人为了弄清楚一个问题,牺牲中午休息时间来到机房进行解决。那种由自己编写的代码变成设备的动作所带来的快乐和满足是无法用语言形容的。

经过三节课的实践,有的学生做了节拍器,有的学生做了利用LED灯模拟地铁开门关门再驶出的效果,还有的学生模拟了莫尔斯电码等,学生的创意非常令我惊奇和感动。

在这里给大家展示其中的三个作品。

这个同学利用单片机做了一个二进制数转换为十六进制数的装置。(播放视频)

这个同学对计算机编程很感兴趣,也是我项目选修课中的学生。二进制与十六进制之间的转换是我们计算机教学中的一个难点,他做的这个程序利用 LED 灯的亮暗形象化地显示二进制数,同时将相应的十六进制数显示在数码管上,还考虑到了利用数码管右下角的点来区别数字 8 和字母 B。如果没有很强的逻辑思维能力,是不能完成这个作品的。

第二个展示的是学生利用单片机的蜂鸣器做了一种类似音乐喷泉的作品。(播放视频)

当时我只是给了学生一个简单地利用蜂鸣器演奏音乐的代码模板,因为我自己对乐谱不是很了解,就跟学生说哪些学生对这个感兴趣可以自己研究。这两位同学对音乐特别感兴趣,特别想知道单片机是怎么能够演奏音乐的,他们就选择了让单片机来演奏一首他们自己喜欢的曲目,并用 LED 灯显示音调的高低。其间也遇到了很多问题,都是他们自己上网搜索和讨论、试验解决的,利用几个中午跑到机房来做反复试验。他们最终能够调试成功并展示出这样的效果也是我没想到的。

下面要给大家展示的是三位女生利用 LED 灯板做的文字显示。(播放视频)

这个作品的难点是三位同学的名字缩写字母一个一个往下落的效果。特别佩服他们这种坚持的精神,有一次放学后都下午六点多了,她们还在机房调试,这个过程很艰辛。

但最终成功的那一刻,我们击掌相庆,我由衷地为她们的成功感到高兴。

这是三位同学写的体会和感想。

制作的过程中,我们遇到了很多问题,如程序的编写错误的问题,以及各个字之间时间的调整,还有中间程序显示组员名字的编写,但经过团结协作,共同解决了问题,也付出了大量的课余时间。研究过程缺少不了老师的帮助,老师为我们的技术把关,耐心为我们讲解问题,在此过程中我们学到了更多的知识。我们很感谢老师的付出和帮助。

通过完成这项工程,我们得到了很多宝贵的财富,不仅有知识上的增长,还有各方面能力的提升,如逻辑能力,动手能力;老师还告诫我们要勤于思考,面对问题的时候,学会寻找解决方法,发散思维,集中大家智慧的结晶,团队的力量是巨大的!

这次制作结束,我们会把积累的经验与精神运用到今后的学习当中去,让其他人知道我们学到的不仅仅是技术,还有坚持不懈的精神。

从这次教学设计和安排来看,我觉得是非常成功的,借助这个单片机学生学到知识有了用武之地,虽然学生制作的作品有简单有复杂但所有同学都投入其中，乐此不疲。

这是其他学生写的体会和感想。

单片机与我们的日常生活息息相关，了解一些单片机程序的简单程序是十分必要的。在这次信息课上我们不仅对单片机编程有了新的认识，还尝试着编写了一个倒计时的程序，真是受益匪浅。

第一次编单片机的程序，感觉很神奇，自己竟然可以编出这样的程序。学习到了很多知识和技能，让我也能与一个于我们生活中有着广泛应用的东西有一次紧密接触。

可以说这种基于项目的教学设计，对于促进学生的高层次思维、展示总结能力、学生能利用所学的知识解决实际问题的能力起到了关键的作用。更重要的是，在实施过程中，学生逐步树立起了信心，他们好奇地在代码的世界里探索，理解、感受着科技给生活带来的变化。

这是一个"学习金字塔"，听别人讲授，24小时后保持率仅为5%，而向其他人教授或对所学内容的立即运用则高达90%。通过学生之间互学互教，学生不但真正掌握了他们所学的理论知识，还获得了人生成长的独特体验，很高兴我设计实施的课程能激发学生去思考、去探索。点亮他们的智慧心灯，是我作为一名教师的幸福。

我的发言就到这里，希望大家批评指正！

谢谢大家！

2015年6月9日

注：此文为北京市朝阳区教育研究中心与北京师范大学合作项目"学生学习方式变革与创新思维培养研究"部分成果并为研讨会发言稿

创设研究性学习环境,使学生在研究中成长

综合实践活动课程是国家规定、地方指导、学校自主开发与实施的必修课程。研究性学习与社会实践、社区服务、劳动技术教育共同构成"综合实践活动"。研究性学习是学生在教师指导下,从自然、社会和学生自身生活中选择和确定研究专题,主动地获取知识、应用知识、解决问题的学习活动。它既是一种课程,也是一种学习方式。

研究性学习所要达到和追求的教育目标就是使学生获得亲身参与研究探索的体验,在这个过程中发现问题、解决问题。从而逐步养成科学的态度和科学道德、学会分享与合作,形成对社会的责任心和使命感。

研究性学习在中学全面实施的几年中,学生通过进行研究性学习,所学的理论知识、操作技能在实际中得到了应用,获得了亲身参与研究探索的体验。他们自主发现和提出问题,收集、分析和利用信息并解决问题,在这个过程中他们学会了交流与分享,逐步养成了善于合作的团队精神。他们学会关心国家和社会的进步,学会关注人类与环境的和谐发展,形成对社会的责任心和使命感。

我校作为北京市市级示范校,一向重视学生的研究性学习。对于研究性学习的认识也经历了一个由浅入深、由片面到全面的过程。在这个过程中,我们始终坚持一切为了学生发展和健康成长的原则,始终坚持研究性学习,无论作为一门课程或者作为一种学习方式都要围绕学生经历自己探究的过程,紧紧围绕学生的学习生活实际来进行。总结这几年的经验,我们认为,为学生创设一个有利于他们进行研究性学习的环境是至关重要的。

一、提供研究时间的保证

研究性学习的过程有别于传统的课堂 45 分钟教学,学生在一个问题的研究过程中需要较集中的时间进行专门研究,我校每周拿出一整个下午的时间,分为两个时段,学生根据自己的兴趣参与其中的任何一个项目研究。这样打通时间段

的方法,便于学生组织较长时间的研究活动,也便于他们外出参与校外调查等研究活动。

比如,我校的数码摄影研究性学习小组就利用这个时间外出进行实际拍摄,北京古老的胡同、学校周边社区都留下了他们的足迹,在这个实际体验过程中,他们获得的不仅是摄影技术的提高,更是对于北京文化的切身感受。

二、打破学科之间的界限

研究性学习的课题是从学生自己的学习、生活中得来的,是他们观察生活、观察社会、解决实际问题而得来的。因此这些问题涉及的不只是一个学科的简单问题,往往还是涉及多个学科、多个领域。如果还按传统的一个学科分类来解决,显然不能满足要求。因此,在研究性学习过程中要打破学科之间的界限,围绕问题的解决将所涉及学科的知识整合起来。

比如,"风筝"的研究团队,他们面临的问题有关于风筝的历史、风筝的结构、风筝的画面构图等研究内容,而这些内容涉及了历史、技术、美术等学科的内容,他们的研究团队的辅导老师会是多个学科的老师团队。学校为他们提供了这样的教师团队支持,使学生的研究具备了坚强的后盾。

三、打破年级之间的界限

在学校的有序组织下,学生的研究团队构成也打破了年级之间的界限,一个团队中既有初一年级的小同学,也有高一、高二的大同学。同学之间更是形成了一种兄弟、姐妹的关系,年龄大的同学可以带年龄小的同学。

年级之间的界限被打破不仅是一种组织形式上的改变,还是一种知识上的传递和探索。比如,我校的信息学奥赛研究团队,包括的学生有初一到高一各个年级的,他们之间就形成了互相帮助、互助学习的氛围。

屡次在各级竞赛中取得好成绩的健美操研究团队中,更是根据学生的情况不同形成了几个梯队,这对于这个项目的长远发展以及学生的进步无疑是有巨大帮助的。

四、充分尊重学生的兴趣和关注点

在学期末,我们会以年级为单位对学生进行研究性学习相关知识的普及性讲座,主要使学生认清什么是研究性学习,研究性学习如何实施以及研究性学习的选题等内容。讲座结束后,引导学生根据自己的兴趣、爱好进行选题,学生在经过充分讨论的基础上确定研究小组和研究题目。

五、作为一种学习方式的研究性学习,应该是与教师的日常教学相结合的

我们鼓励教师将研究性学习与自己的教学相结合,引导学生进行研究性学习。如将信息技术与研究性学习相整合,将网络搜索与研究性学习题目相结合,将 Excel 教学与学生的日常研究相整合,将网页制作教学、PPT 教学与学生的研究性学习成果展示相整合等。

六、采取"请进来""送出去"相结合的方式,最大限度地为学生提供良好的研究性学习的条件

对于一些研究问题,如果需要,我们会为学生聘请校外的相关人员来学校为学生讲课,开阔学生的视野、提高学生的研究性学习水平。

与翱翔计划相结合,我们也将一部分同学送出去,让他们进入大学实验室,进行研究性学习。我们还为在某一方面有特长的学生单独请相应的老师或把他们送到相应的专业培训机构去参加培训。

这种方式一直是我校培养创新拔尖人才的重要方式,为学生的个性化发展和成长提供了很好的机会和帮助。

七、为研究小组学生提供展示的舞台

学校每学年期末都会以年级为单位组织研究性学习汇报会。在汇报会上,学生通过演讲、表演、展示等方式展示汇报他们的研究性学习成果。

有的研究小组还策划了小话剧、小品表现研究成果,形式可以说是丰富多彩。有的在演讲、汇报的过程中,还会有同学之间的互动。汇报会后会根据评委打分为优秀研究性学习小组颁发奖状和奖品,这种形式激发了学生的研究热情,也培养了学生当众演讲、表演的能力,在学生中产生了良好的影响。

八、为学生提供将研究性学习成果参加各种竞赛的机会

我们鼓励学生参加各种创新成果竞赛。几年中,我校学生的研究性学习成果参加了北京市或朝阳区创新性学习成果竞赛,都获得了很好的成绩,在学生中也产生了一定的影响。

我校高一学生研究的课题:汽车拐弯时内轮差的研究,不但获得北京市青少年创新大赛二等奖,还获得了朝阳区创新性学习成果一等奖。这个研究就是学生在上学路上骑自行车时,感觉到拐弯的车辆突然离自己很近,产生了研究汽车内轮差的想法,学生请家长帮忙做了实际车辆的实验,在数学老师和物理老师的帮助下利用所学的知识进行了数据收集和数学建模的过程,写出了相应的论文。学生体验了科学研究的过程更是养成了一丝不苟的学习态度。

研究性学习无论作为一门课程还是一种学习方式,都应该成为教师和学生的一种习惯。无论是社会调查类研究性学习,还是以实验测量方法探究自然问题的实验研究类,以创新设计与制作探究问题的项目设计类,以收集并分析文献来研究问题的文献研究类;无论是小组合作研究、个人独立研究,都是中学生必须经历的一种学习。我们将一如既往地为学生创设浓浓的研究性学习氛围。

参考文献

[1]《北京市教育委员会关于加强中小学综合实践活动课程的实施意见》,北京市教育委员会,2007.

[2]李召存.研究性学习初探[J].中国教育学刊,2001(1).

[3]杨占良.开设研究性学习课程的困难与对策[J].教育实践与研究,2002(2).

初中信息技术课程中实施研究性
学习的探索与实践

在科学技术飞速发展的今天,教育也发生了很大的变化,新课程教育改革目的是充分发展学生各方面的能力,使其能更好地适应未来社会的发展。而初中信息技术课程在学生的终身学习能力的培养以及使学生体验新型的学习方式、培养学生提出问题、研究问题、解决问题的能力方面具有不可推卸的责任和义务。根据信息技术课程的特点引导学生进行研究性学习是我们信息技术教师应该着力研究和实施的一个重要内容。

一、在初中信息技术课程中实施研究性学习的意义

1. 在信息技术课程中实施研究性学习是信息技术课程标准的要求

《中小学信息技术课程指导纲要》(试行)中明确指出:中小学信息技术课程的主要任务是"通过信息技术课程使学生具有获取信息、传输信息、处理信息和应用信息的能力,教育学生正确认识和理解与信息技术相关的文化、伦理和社会等问题,负责任地使用信息技术;培养学生良好的信息素养,把信息技术作为支持终身学习和合作学习的手段,为适应信息社会的学习、工作和生活打下必要的基础"。而研究性学习从教学方式的角度而言,"是指在教师指导下,通过选择一定的课题,以类似科学研究的方式,进行主动探究的一种教学方式"。这与信息技术课程的主要任务是不谋而合的。

信息技术着眼于培养学生的信息素养,研究性学习的过程中学生选择一定的研究课题,对这个研究题目收集资料、分类整理这些资料、分析资料进而得出自己的结论,这个过程中恰恰是进行了信息的收集、分类、整理的过程。因此,在信息技术课程中实施研究性学习是提高学生信息素养,为他们终身学习打下良好基础的一个很有效的方式。

初中学生正处于身心发展极快的年龄阶段,他们求知欲旺盛,对事情总要问

个为什么,逐渐追求独立的思考方式,大部分同学对信息技术课程有极强的兴趣。我们教师应该根据他们这个阶段的心理特点,引导他们根据自己的兴趣爱好以及他们关注的其他问题利用信息技术的优势进行一些研究性的探索。这不论从教学效果上还是提高学生信息素养方面都会产生事半功倍的效果。

2. 信息技术课程中实施研究性学习比其他学科有更有利的优势

从初中信息技术的教学内容上来看,有很多内容非常适合于学生进行研究性学习,如学习 Flash 动画制作时,学生想实现某一个效果,老师就可以引导学生就学生提出的问题进行探究活动。虽然学生的研究方法可能比较单一,但是解决了他的实际问题。这对学生养成学习信息技术的正确方法有很大益处。

在初中信息技术课程中引入研究性学习可以极大地激发学生的学习兴趣,使学生体验到研究的快乐。

另外,信息技术课堂一般是在计算机房进行,计算机为学生提供了进行研究性学习的记录与分析工具,还为学生上网查找资料提供了极大的便利。

最后,信息技术的评价方式也为在信息技术课程中开展研究性学习提供了可能。目前初中信息技术的评价方式主要是作品评价,这就给学生提供了极大的空间和时间来完成他们的研究,从这个角度来讲,信息技术课程开展研究性学习比其他学科有独到的优势。

二、初中信息技术课程中实施研究性学习的实践

下面以"网络应用"部分为例介绍我在信息技术课程中实施研究性学习的实践过程。

1. 教材背景分析

本部分是教材《信息技术》第4册中的第二章"计算机网络基础"中的第二节"网络应用"的内容。在学习这部分内容之前,学生已经在课堂上学习了 Windows 的基本操作,掌握了一些输入汉字及上网的基本操作。他们也熟练掌握了文件的保存及 Windows 的其他基本操作。而对于网络的使用情况不容乐观。我首先对学生的网络使用情况做了一个小调查,发现大部分学生使用过网络,但大部分学生使用网络是为了和别人聊天或是到网上玩一些小游戏,而对于网络的学习功能及如何在网上查询资料并保存没有什么认识和实践。

而本部分教材上的三个实践内容:网络基础知识、网络应用、电子商务,远远不能满足学生体验网络学习的要求,也远远不能达到使学生通过这部分的学习提高收集信息、处理信息及应用信息的能力的要求。因此,根据学生的现状及教材的现状,我将教材进行了重组和调整,将教材的三个实践模块围绕一个课题调整

为四个部分:一是学习网络基础知识;二是分组确定自己的课题,在这个过程中利用博客,记录学生的研究课题,穿插讲解如何使用收藏夹等 IE 操作的技能;三是根据教师提出的研究计划框架,学生提出他们自己的研究计划,并发到研究博客上;最后学生根据自己的研究计划进行网络探索研究。在这个步骤中,教师适时讲解网络搜索的一些方法及保存网上内容的一些技巧,提醒学生要负责任地使用网络,注明下载的文字及图片素材出处,并教会学生分类整理自己的资料的方法。

2. 教学目标与教学重点、难点

(1)教学目标设计

知识与能力:会收发电子邮件。能正确登录常用网站。会收藏网站,导入、导出收藏夹等操作。会使用门户网站及搜索引擎搜索自己所需的信息。学会下载网页上的文字与图片信息。会整理自己收集的信息。将自己所整理的信息整合成自己的研究成果,并通过适当的形式表现出来。

过程与方法:熟练收发电子邮件。熟练保存网页上的文件(另存网页或将网页上的内容复制)。建立相应的文件夹整理自己的资料。运用搜索到的资料形成自己的研究成果,会利用 Word 或 PowerPoint 展示自己的研究成果。

情感,态度与价值观:具有合作意识,与组内同学合作。要负责任地使用网络,要对网上自己发表的内容负责。逐步养成分辨网上信息的能力。能尊重他人的劳动成果,有保护知识产权的意识。

(2)教学重点

①电子邮件的收发。

②学会利用博客记录自己的研究过程。

③从网上搜索自己需要的文件,并下载保存。

④整理这些文件,形成自己的研究报告、论文或 PPT 文件。

(3)教学难点

①收集、整理网上的信息。

②形成自己的研究成果。

3. 教学过程与教学资源设计

(1)教学准备

为每个班建立自己的研究博客,将调查问题及研究计划指导发布在博客上。机房的电脑要保障上 Internet 流畅。

分组要求:在机房座位挨着的两位同学一组。教师要经常登录研究博客,及时指导学生的研究过程,对他们的选题及研究及时把握方向。

（2）教学过程

本单元的教学分为四个课时。

第一个课时的教学内容为：

对学生的网络使用情况做调查。

学习网络基础知识。学生掌握计算机网络的概念，因特网的主要接入方式、主要应用，万维网服务、网络通信协议、IP 地址、域名等知识。

学习收发电子邮件，掌握如何添加收信人，分组管理自己的联系人，发送附件，增加签名等。

第二个课时的教学内容为：

教师讲解课题研究的要求。

本研究的目的是学生利用因特网这个强大的信息资源，进行一系列的学习探究活动，以适应新课程对信息技术课程的要求，为学生尝试利用因特网学习新的知识提供强有力的支撑。使学生不但能掌握因特网的一般操作知识，更应该能亲身体验因特网给他们的学习及生活带来的各种便捷。体验一种不同于常规课堂的全新的学习方式。

使学生明确通过本研究要掌握的基本操作技能：学会因特网网页的浏览，学会下载网页的文字及图片、收藏常用网站、导入导出收藏夹等操作。

学生学会在因特网上查找信息的两种方法：目录法和搜索引擎的方法，学会使用常见的搜索引擎的使用，学会选择关键词搜索到自己想要的文件，并将之保存到自己的文件夹中。

分组及确定自己的研究课题。根据教师提供研究计划提纲撰写自己的研究计划并发布到研究博客上。

在这个过程中，学生分组讨论自己的研究课题并撰写研究计划，教师及时指导。

第三个课时的教学内容为：

学生根据自己的研究计划开始进行研究，从网上搜索资料并将所需资料下载到自己的文件夹，整理自己的文件夹。教师适时讲解从网上搜索资料的技巧与方法，介绍常见的门户网站、常用的搜索引擎的基本使用方法，在讲解时注重方法的指导，教给学生查看帮助的方法，以培养学生自己解决问题的能力，适应网络探究学习这样一种新型的学习方式。

教师注意巡视指导学生解决出现的各种问题，对于共性的问题要在全班讲解。

第四个课时的教学内容为：

学生继续他们的研究,继续下载、分类整理资料,形成自己的研究成果。

在这个过程中,教师对学生出现的问题进行及时解决,收集学生成果。

第五个课时内容为:

展示学生的研究成果,教师与学生分别从以下几个方面对学生的研究成果进行评价:

每组组内同学参与度。

选题的新颖性。

研究方法的正确与否。

研究过程的评价。

研究结果的评价。

4. 学习效果评价

(1)自评:对自己在本次课题研究过程中的收获与不足,发表到研究博客上。

(2)互评:利用研究博客对同学的研究过程及方法、结果进行评价。

(3)教师评价:教师对学生的作品进行评价。

三、初中信息技术课程中实施研究性学习的思考

1. 对教学过程的总结与思考

本单元教学设计的特点是以学生自选的网络研究的课题为主线,将网络操作的各种知识及技能穿插在一起。由于课题完全是学生自己选择的,因此他们对此有极大的学习兴趣,学生带着问题畅游在 Internet 这个巨大的网络海洋中,在老师的指导下完成了自己的研究课题。在这个过程中教师完全成了一个学生学习的指导者及领航者,而学生真正成了自己研究课题的主人,学生的学习始终是在沿着教师为他们指定的路线进行,这就有效地防止了"网络迷航"现象。

教师为学生的网上探究提供了博客这种形式,并用此来记录学生的研究过程。利用这种形式,学生的研究已经大大冲破了课上 40 分钟的限制,课上、课下学生可以对他人的研究进行互评。

在学生的研究过程中,教师讲解的内容都是学生研究课题所需要的基本方法及技巧,这些正好是学生所需要的。因此,他们掌握起来非常快,记忆也深刻,他们体会到他们学习的内容对他们来说有用,他们已不满足于听教师讲解,而且学会了自己从网上寻找答案。

2. 对教学目标的思考

本单元体现了教学目标,使学生不仅学会了网络的一些基本操作,获得了下载信息、分类信息、整理信息、利用信息,并通过完成自己的研究课题体会到了利

用网络进行探究学习的一种全新的学习方式,为他们的终身学习打下了基础。

3.对学生学习方式改变的思考

教师通过组织研究性学习这种方式,让学生体验到了与其他传统教学方式所不同的全新的学习方式,他们成了学习的主人,变被动学习为主动探究,在整个研究过程中始终兴致盎然。

4.研究性学习过程中真正做到了面向全体学生,也做到了个别辅导

学生在博客上记录他们的研究计划,记录他们的研究过程,教师对学生的研究计划和研究过程做出评价,能够切实掌握学生在研究性学习过程中出现的问题,并及时予以解答和指导。这个指导是针对每个人的,这也就避免了上信息课时老师不能照顾全体同学的局面,并使每一位学生都能及时得到老师的指导。

5.研究性学习对教师提出了更高的要求

研究性学习是一种全新的教学和学习方式,不仅需要指导教师掌握研究性学习的理论知识,还要有知识的广度和深度;不但要对信息技术熟练掌握,还要对一些其他学科的问题有所涉猎。这就对我们信息技术教师提出了更高的要求,这也是我们努力的一个方向。

总之,在初中信息技术课程中,实施研究性学习是可能的也是必要的,作为教师我们要努力探索和实践在课程中实施研究性学习的方法,努力创造条件,为学生的终身学习打下良好的基础。

参考文献

[1]《中小学信息技术课程指导纲要》(试行).

[2]李召存. 研究性学习初探[J]. 中国教育学刊,2001(1).

[3]李芒. 中学信息技术新课程教学法[M]. 北京:开明出版社.

[4]北京教育科学研究院、北京出版社合编《信息技术》.

"传感器教学"随记

今天上课我们就要给机器人安装上传感器，使机器人能够"聪明"一些。第一个任务是让机器人能够感知到前面的墙壁，探测到墙壁后停止前进。第二个任务是让机器人探测到墙壁时后退，为了让机器人能够感知到前面的墙壁，我们需要为机器人的前部安装红外避障传感器。接下来，我给学生发了我课前录制的微课视频，学生边看视频边操作。微课视频中讲解了红外避障传感器的原理，以及如何使机器人看到障碍停止的操作。学生很快完成了使机器人停止的程序。

程序流程如下：

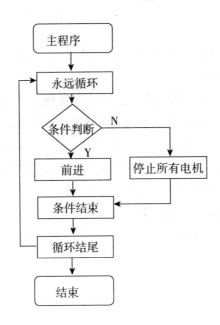

图中的条件是当前面的传感器没遇到障碍（9 号端口 =0 时），机器人前进，否

则,机器人停止。

　　到完成第二个任务——使机器人后退时,学生很自然地想到将上图中的"停止"模块改为"后退"模块,只需要将机器人的左右马达转数改为负数即可,如下图所示。

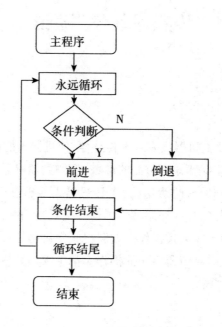

　　但这样改完后发现机器人会出现撞墙的情况,即后退一点又前进,然后又后退,又前进,一直反复这样。

　　这个时候,我提醒学生思考为什么会出现这种情况,应该怎么解决呢? 我鼓励学生认真思考,自己尝试解决这个问题,学生开始按自己的理解尝试各种方法。

　　令我没有想到的是,过了 10 分钟左右就有一位同学试验成功了。紧接着又有两位同学想出来不同的方法。我利用广播软件在全班展示了这三位同学的解决方法。好像一下子大家的思路都打开了,同学们的创意打不住了,下课时最后我收集到了不下六种方法。下面是其中的四种方法。

　　第一种方法:利用"中断循环"模块,机器人后退时就中断循环,这样机器人就不会再判断是否遇到障碍了,而是一直后退。如下图所示。

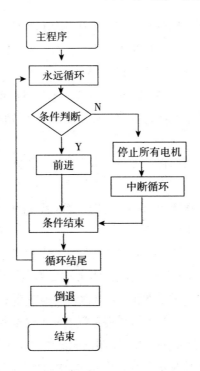

第二种方法:把"退出"模块放在循环体以外,在循环中的条件判断中如果碰到障碍不做任何动作,退出循环后再一直后退。这样也能实现机器人后退的效果。如下图所示。

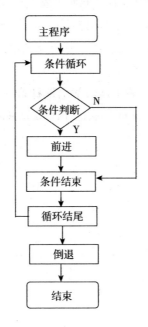

第三种方法:这个同学想得更有意思,既然你后退完了又判断是否遇到障碍,如果遇到再前进。那我干脆让后退永远循环,不让你再前进了。哈哈,这也能实现任务二要求的效果。太棒了!(流程图略)

第四种方法:这个同学够精细,还怕机器人不好好后退,不但把后退移到循环外面,再为它加上一层保险,让它永远循环。这也行!(流程图略)

…………

下课了,同学们带着满足的表情离开了教室,我则开始反思这节课的成功之处。

一是课堂引入比较新颖,与这节课的内容联系紧密,学生听完我的分享后特别想让自己的机器人更聪明一些。

二是微课确实起到了减少"假问题"(我告诉学生,学生就知道的事情,也就是事实性知识),增加"真问题"(学生经过思考在操作过程中遇到的问题)的作用,课堂效率大大提高。如果不用微课,对于学生问得较多的问题是,我利用广播演示他们没看清楚的地方。而有了微课视频学生就可以按照自己的节奏来学习。

三是微课并没有将所有问题都讲"明白",给学生留下了思考和创意的空间。

四是在学生遇到问题时我引导学生思考,耐心等待,鼓励学生自己解决问题,尝试不同方法。

五是教学设计和课堂进行中我有意减少其他无关紧要的因素对学生聚焦真问题的影响,比如,上课时我强调因为这节课我们只用到一个最前面的传感器,所以同学不必非得按我的视频中讲的那样安装三个传感器(三个传感器是为下节课让机器人走迷宫设计的),这样也节约了时间,使学生尽快投入地为机器人编写程序的情境中。

作为老师,还有什么比看着下课后学生带着满意地离开教室更幸福的呢? 学生的计算思维就是在这一点一滴中形成的吧,我乐在其中!

第五篇 项目及主题式教学篇

　　项目式学习是指学生在教师指导下发现问题，以解决问题为导向开展方案设计、新知学习、实践探索，具有创新特质的学习活动。项目学习很大程度上还原了学习的本质，这种基于真实情景中的学习能促进学生对信息问题的敏感性、对知识学习的掌控力、对问题求解的思考力的发展。在我的教学中，也做了一些项目式学习的实践。学生在项目学习中，以实际问题为导向，穿插对知识的学习，可以提高学习的效率，对于学习的意义理解更深。

　　项目式学习较单一知识点的学习，知识点更加综合。在学习过程中专题及项目的选择尤为重要，可以是学生从日常生活中选择的，也可以是根据教学内容的需要选择的综合性的问题。

"音乐播放器"项目制作教学设计

说明:本项目是利用 APP Inventor 2.0 开发实现的。

本项目将学习音乐播放器的开发过程,通过开发音乐播放器让我们了解如何通过音频播放器组件,实现对音乐媒体进行播放,在实际运用中音乐播放器可拓展为在线播放网页音乐和播放本地视频文件等功能。在任务中我们将利用按钮、音频播放器媒体音乐输出、加速度传感器摇晃等几个组件,开发一个简易的音乐播放器。

一、学习目标

1. 掌握按钮组件单击事件的使用方法;
2. 掌握音频播放器媒体音乐输出组件的使用方法;
3. 了解加速度传感器摇晃换歌功能的原理及掌握其使用方法。

二、任务描述及流程图

1. 任务描述

本项目的界面示意如下图所示,实现的功能如下,当单击"播放"按钮时,开始播放音乐;当单击"停止"按钮时,音乐停止播放;当单击"下一首"按钮时,将播放下一首歌曲。当手机摇动时,也会播放下一首音乐。

图中的按钮功能如下：

播放功能：单击"播放"按钮，将会开始播放音乐。

停止播放功能：单击"停止"按钮后，将当前播放的音乐停止。

播放下一首歌功能：单击"下一首"按钮，将会把当前播放的音乐更换为下一首歌。

● 摇晃换歌功能：当摇晃设备时，将会开始播放下一首音乐。

2. 流程图

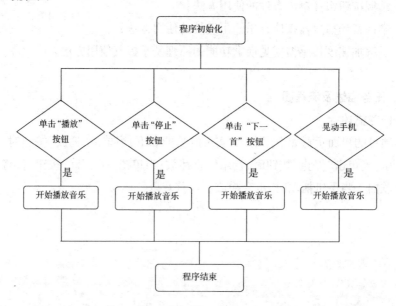

3.本任务完成的关键步骤

(1)布局组件设计；

(2)单击播放按钮,播放音乐,执行"音频播放器,开始"方法；

(3)单击下一首按钮,将播放下一首音乐,同样调用"音频播放器,开始"方法；

(4)单击停止按钮,将当前播放的音乐停止,调用"音频播放器,停止"方法；

(5)当摇晃设备时,调用"加速度传感器,被摇晃"方法播放下一首音乐。

三、开发前的准备工作

下表是整个应用所需的组件介绍,通过这些组件来实现我们的"音乐播放器"应用。

组件	调色板组	用途
音频播放器	多媒体	音频播放器是一个媒体播放组件,音频播放器组件可以在组件设计或逻辑设计中添加或修改音频来源。在本例的应用程序中音频播放器组件是通过逻辑设计编译器的音频播放器的来源方法进行设定
按钮	用户面板	按钮组件可在程序中设定特定的单击动作。按钮可知道使用者是否正在按它。可自由调整按钮的各种外观属性,或使用属性决定按钮是否可以被单击
加速度传感器	传感器	加速度传感器是一个晃动传感器,当摇晃设备时将调用加速度传感器,被摇晃方法触发事件,在本例的应用程序中触发的是播放音乐事件
表格布局	界面布局	表格是一个已排版的组件,可以让布局内的组件在一行中排成4个。而在 Screen Arrangement 面板中,还包含水平布局和垂直布局这两个组件,在同一行中可排成多个组件和在垂直中可排成多个组件。在本例的应用程序中运用了表格布局

四、任务操作

1. 布局组件设计

音乐播放器共包含4种组件,它们分别是按钮、音频播放器、加速度传感器、表格布局。组件清单及属性设置如下表所示：

组件类型	调色板组	命名	属性设置	作用
按钮	用户界面	开始	设置图像	播放音乐
按钮	用户界面	下一首	设置图像	开始播放下一首音乐
按钮	用户界面	停止	设置图像	停止播放音乐
音频播放器	用户界面	音频播放器1	无	用于音乐的声音输出
表格布局	界面布局	表格布局1	2行3列	用于布局排版,使组件整齐布局
加速度传感器	传感器	加速度传感器1	无	摇晃设备时,将播放音乐

2. 逻辑设计

(1)音乐播放功能

屏幕初始化与播放组件设置：

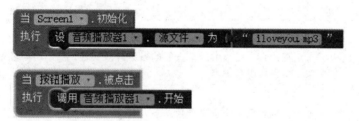

(2)下一首音乐播放功能

(3)停止播放功能

(4)摇晃手机切换播放的歌曲功能

通过计算手机移动的速度,当速度达到某个值即判断为摇晃,一般要计算出手机移动距离与时间,通过 APP Inventor,我们直接调用加速度传感器即可实现摇晃换歌功能。

五、任务小结

本任务实现了一个简单的"音乐播放器"应用开发,知识清单如下:

1. 利用播放按钮对音乐进行播放,调用了音频播放器开始方法。

2. 利用加速度传感器组件,实现摇晃换歌功能。

3. 利用音频播放器组件将媒体文件进行声音输出,以方便按钮调用其方法。

六、拓展提高

(1)完善程序,当播放最后一首歌曲时,再点"下一首"按钮时会弹出提示信息。

(2)可以加上"上一首""暂停"等按钮实现相应的控制;

(3)请大家思考并试验如何做到播放不同音乐时播放器皮肤可更换,以具备多种可视化效果;

(4)请大家思考并试验如何实现晃动手机时,随机播放音乐;

(5)还可以自己做一个点歌台,用户在文本框中输入要点的歌的序号,就会播放那个序号的歌曲。

"拼图游戏"项目制作教学设计

学习目标：

1. 学会分析拼图的功能；

2. 分解拼图功能；

3. 能够对移动拼图的图片操作过程进行抽象，并用过程实现；

4. 对每一个功能找到合适的组件并写出正确的逻辑实现；

5. 理解任意图像精灵的作用；

6. 理解带参数的过程的作用；

7. 理解图像精灵的作用；

8. 学会使用图像精灵实现拼图的效果；

9. 掌握定时器的使用方法。

一、功能描述

拼图游戏是受大家欢迎的一种智力游戏，它具有多种变化，难度不一，让人百玩不厌。

这里我们做的拼图游戏是将一张大图切成 3×3 的共 9 等份，然后打乱顺序重新排列，并取走一块图片，随后通过移动图片使其回到原来的正确位置，移动时只能与相邻的空格进行位置交换。

在手机界面的上方有作为提示的大图，右侧还有一个控制拼图程序开始的"开始拼图"按钮，在按钮的下方我们可以看到开始后的秒数。

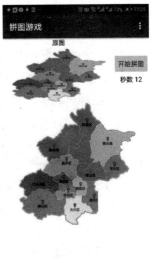

起始界面　　　　　　　成功界面　　　　　　最后完成的界面

二、问题分析与分解

1. 游戏功能分析

①当单击"开始拼图"按钮时,计时开始,允许玩家点击相应的部分图片。

②当单击相应的图片时,如果与空格子相邻,则与空格子交换位置。

③当所有 8 个小图片都移至正确位置时,显示消息"恭喜你赢了"

2. 功能分析及分解

从以上程序的运行过程我们可以看出,要实现这个程序的功能需要解决如下几个问题。

(1)确定程序的初始状态

为了便于玩家快速拼好图,我们设计了在界面的上半部分给出一个参考大图,屏幕下半部分留给用户作拼图区域,在初始状态时,拼图区域的 8 个切片小图没有在正确位置。

(2)程序开始运行的控制

利用"开始按钮"+定时器的方法进行程序开始的控制,当单击"开始拼图"按钮时,定时器的启用为"真"并且开始计时,计时的秒数显示在秒数中。

(3)如何实现图片与空格子的交换

分析这个问题时,我们可以从以下一系列问题入手进行思考:

第一，什么位置的切片才能与空格子交换？

与空格子相邻的图片切片。

第二，如何判断图片切片与空格子相邻？

计算图片与空格间距是否是100，如果是100则相邻。请思考为什么。

第三，如何确定图片切片左上角的坐标以及空白格子的坐标。

对于图片切片，我们可以设置为图像精灵的图片，每个图像精灵都有一个属性：我们可以直接利用这个属性来确定精灵（图像切片）的 X 坐标和 Y 坐标。

关于空白格子的 X 坐标和 Y 坐标，请同学们思考一下如何得到呢？

空白格子 X（Y）坐标 = 900 – 图像精灵 1—图像精灵 8 的 X（Y）坐标之和。

注：我们可以想象一下将 9 个切片排成一行，是不是总长度是 900，而其中有一个空白格子，这样就是 900 减去 8 个精灵的 X 坐标就是空白格子的 X 坐标了；至于空白格子的 Y 坐标可以想象将 9 个切片排成一列。你明白了吗？

（4）如何判断所有图片在正确位置

每一张图的正确坐标是固定的，如果这些坐标都在正确位置，那么所有的图片切片就在正确位置。

可以创建列表来记录这些坐标的正确位置，然后将当前坐标与正确坐标进行比对。

（5）图片在正确位置后显示提示信息

当所有图片切片都在正确位置后显示消息"恭喜你赢了！"

三、素材准备

利用 Photoshop 将北京地图原图切成 3×3 的小片，原图的大小为 300×300 像素，切后每片的大小为 100×100 像素，如图所示：

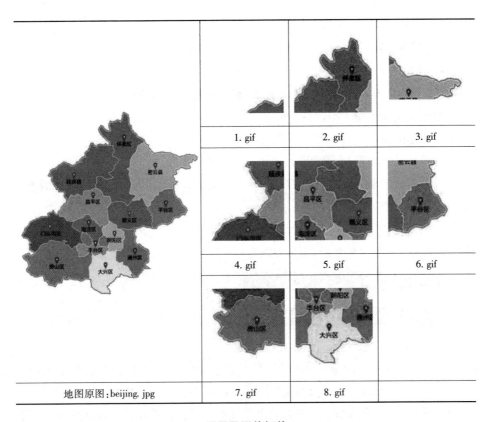

1. gif	2. gif	3. gif
4. gif	5. gif	6. gif
地图原图:beijing. jpg	7. gif	8. gif

原图及图片切片

四、界面设计

界面组件如下图所示:

界面设计

五、逻辑设计

1. 开始拼图的逻辑设计

当"开始拼图"被点击时,游戏开始,它所做的工作包括:

初始化全局变量"图像精灵列表";

启用定时器;

将游戏计时变量"秒数"设为 0 并显示秒数。

当游戏开始后,定时器组件启用,会不断触发定时器的计时事件,在计时事件中实现游戏时间的计算。

2. 计算空白格子左上角坐标

(1)定义两个全局变量,用来存放空白格子的 X 坐标和 Y 坐标:

初始化全局变量 **空格子X坐标** 为 **0**

初始化全局变量 **空格子Y坐标** 为 **0**

(2)定义过程来计算 X 坐标和 Y 坐标

任意组件是用 App Inventor 进行高级程序设计的一项非常重要的功能组件,可以实现对某个组件属性的动态修改,或成批修改多个组件的属性。当添加了某个组件后,在逻辑设计的模块中就会出现该类组件的任意组件。本例中利用一任意组件精灵来获取图像精灵 1—8 的 X 和 Y 坐标。

3. 计算图片与空白格子的距离

通过以上的分析我们知道,每个图片切片设置为图像精灵的图片,当触碰一个图像精灵时,是否可以移动,首先要判断其是否与空白格子相邻,可以通过计算图像精灵与空白格子的距离来判断它们是否相邻。

距离的计算公式如下:

$$|AB| = \sqrt{(x_1 - x_2)^2 + (y_1 - y_2)^2}$$

其中 (x_1, y_1)、(x_2, y_2) 分别为空白格子和图像精灵的坐标。

4. 判断拼图是否成功

如何才算成功呢? 每个精灵显示了一个图片切片,只有各个图片都移动到它们在原图上相应位置时,拼图才算成功。

(1)记录图像精灵的正确位置

图像精灵的正确位置

图像精灵	图片	正确位置 X 坐标	正确位置 Y 坐标
图像精灵 1	1. gif	0	0
图像精灵 2	2. gif	100	0
图像精灵 3	4. gif	0	100
图像精灵 4	3. gif	200	0
图像精灵 5	5. gif	100	100
图像精灵 6	6. gif	200	100
图像精灵 7	7. gif	0	200
图像精灵 8	8. gif	100	200

依照上表中图像精灵的正确位置,我们可以分别创建两个列表来记录 X 和 Y 坐标的正确位置,如图所示:

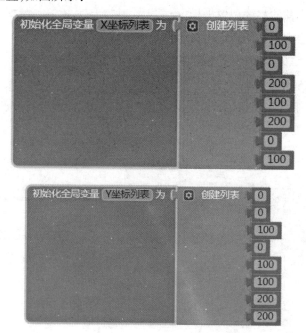

记录 X 坐标和 Y 坐标

（2）判断拼图是否成功

我们定义过程"判断拼图是否成功"来完成判断比较功能。我们定义一个变量"匹配数"来记录匹配成功的精灵数,通过循环逐个比较 8 个图像精灵,如果其当前坐标与正确坐标一致,则匹配数加1;循环结束后,如果匹配数等于8,则说明拼图成功。因为要对每个图像精灵进行相同的比较操作,也会使用任意图像精灵组件。

拼图成功后的操作主要有两个:一是显示拼图成功的对话框消息,二是关闭定时器。

5. 移动切片图片的逻辑设计

用户移动图片切片时,需要点击相应的图像精灵,继而触发的是图像精灵的触碰事件,因此,我们需要对每个图像精灵的触碰事件进行逻辑设计。因为对于每个精灵的操作是一样的,我们可以定义一个带参数的过程来实现这个操作,参数即用"点击的精灵"来代表触碰到的图像精灵,这样在每个图像精灵的触碰事件中只需要调用本过程就可以完成相关操作了。

本过程实现的功能如下:

(1)调用"获取格子的坐标"过程;

(2)计算当前空格的位置坐标;

(3)判断当前点击的图像精灵与空白格子是否相邻;

(4)如果相邻则移动图像精灵到空白格子位置;

(5)判断拼图是否成功。

以上这些事件的前提是游戏已经开始(定时器的启用计时是否为True)。代码如图所示:

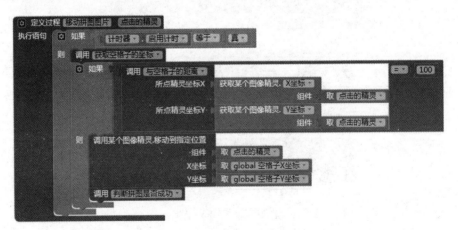

定义过程"移动拼图图片"

有了这个过程,我们就可以在各个图像精灵的触碰事件中调用它,调用时只需要把图像精灵本身作为参数值传递给"点击的精灵"就可以了。

图像精灵 1 的触碰事件如下图所示,其他 7 个图像精灵的触碰事件与此类似。

图像精灵被触碰事件

六、调试运行

将以上逻辑代码生成 APK 文件下载、安装到自己手机上进行运行,重点查看各图片的启始位置、单击"开始拼图"按钮后是否开始计时、图片切片能否与空白格子正确交换位置。如发现异常再回到逻辑接口进行反复调试。

七、拓展空间

实现拼图的方法和规则多种多样,你能否设计一款个性化的拼图呢?
可以尝试从以下几个方面进行创意思维:

"智造美好生活"项目实施教学设计

教学基本信息

年级	高二年级	教科书版本及章节	普通高中教科书《信息技术》(人民教育出版社、中国地图出版社编写)选择性必修6"开源硬件项目设计"第四单元

单元教学设计

单元名称	智造美好生活

单元教学设计说明

课标要求在选择性必修六的学习过程中,学生要基于事物特征的分析,设计基于开源硬件的作品开发方案,描述作品各组成部分及其功能作用,明确各组成部分的调用关系。根据设计方案,选择恰当的开源硬件,形成作品设计方案。根据设计方案,利用开源硬件、相关组件与材料,编写程序实现各项目功能模块,经历数据采集、数据处理以及数据输出的过程,完成作品制作并对作品进行调试和评价。践行开源与知识分享的精神,理解保护知识产权的意义。

本单元是整个选择性必修6中的最后一个单元,这个单元是在前三个单元"开源硬件推介会""开源硬件项目剖析""开源硬件创意设计"的基础上进行的。第四单元是利用开源硬件落实项目实施的过程,在这个单元中学生体验项目准备、设计、实施、评价的整个过程。在信息意识方面,学生通过这个单元的学习会深刻体会开源硬件对于设计制作新型信息系统的重要作用。在计算思维培养方面,学生会熟知基于开源硬件进行项目实施的一般流程并将其用于实现项目中,根据事物特点进行一定的抽象,设计符合事物特性的系统,能利用各种材料、开源硬件与软件实现所设计的项目方案,利用编程语言实现外部数据的输入和输出,利用输出数据驱动执行装置的运行。在本单元的学习中,学会根据设计方案使用到一些网络上无偿分享的资源等,如何看待和尊重这些资源的知识产权,如何在知识分享上贡献一份力量,值得师生共同思考

单元学习目标与重点难点

　　学习目标：

　　利用开源硬件及编程语言实现作品功能,理解数据采集、数据输出和运算处理的过程。

　　理解调控测试在项目中的作用,搭建测试环境,测试优化各项功能,完善项目作品。

　　逐渐形成自主探究、协作学习、共同解决问题的能力,践行开源与知识分享的精神,理解知识产权保护的意义,学会正确认识及评价自己和他人。

　　学习重点：

　　通过剖析使用研源硬件完成作品的实例,体验基于开源硬件完成项目的基本流程,知道常用开源硬件的功能与特征。

　　深入理解开源数据采集、数据输出和运算处理的过程。

　　通过调试、优化项目,产生项目优化的意识和自觉。

　　学习难点：

　　通过体验项目制作的全过程,逐渐养成自主探究、协作学习、共同解决问题的能力,践行开源与知识分享精神。

　　理解知识产权保护的意义,学会正确认识及评价他人

单元整体教学思路

　　本单元围绕"互联网智能闹钟"项目进行教学,从项目准备到项目外形制作以及技术实现再到项目的展示评价,学生体验整个项目制作实现的全过程,计划需要 8 课时完成,每课时的具体安排如下:

　　第 1 课时——项目准备:硬件准备、软件准备、分析功能、撰写项目计划书;

　　第 2 课时——项目外形制作:外形设计与制作;

　　第 3 课时——项目数据采集 1(传感器数据采集);

　　第 4 课时——项目数据采集 2(互联网数据采集);

　　第 5 课时——项目数据处理;

　　第 6 课时——项目数据输出;

　　第 7 课时——项目调试及运行(完成项目);

　　第 8 课时——项目分享及评价。

第 3 课时教学设计

课题	"互联网智能闹钟"之数据采集 1
课型	新授课☑　　　章/单元复习课□　　　专题复习课□ 习题/试卷讲评课□　　学科实践活动课☑　　　其他□

1. 教学内容分析

　　本课时的教学内容是项目实施中的数据采集环节,是决定项目完成成败的关键环节,数据采集的是否准确决定了项目的结果是否科学,因此结合开源硬件(掌控板)的特性,学会数据采集的方法显得尤为重要

2. 学习者分析

经过了前三个单元的学习,学生已经了解了常用的开源硬件的发展,知道了常用的开源硬件的基本功能和简单操作,能简单操作开源硬件平台,具备了典型开源硬件的编程能力,对开源硬件的应用意义有了一定的认识。在第三章更是体验了设计项目的过程,具备了提取事物特征的能力和一定的信息技术创新能力,能完成简单的外观设计和硬件系统设计,并在此基础上完成了一个项目立项报告书。在 Python 程序设计方面,学生学习了Python 的数据类型、三大程序结构以及安装、导入模块的方法等知识,对 mpython 的基本操作也有一些体验和了解,具备了进行项目实施的知识储备和意识、能力的储备。他们强烈希望尽快实现和完成自己的项目,而对于数据的采集这部分内容可能之前用到过,但是没有系统思考和体会。本节课就是引导学生经历数据采集的过程

3. 学习目标确定

知道掌握板的数据输入和采集有哪些方法;
了解传感器数据采集的一般方法的原则;
通过数据采集的实验,学会利用"掌控板"编写程序采集数据的步骤和程序实现;
了解开源硬件使用过程中的安全注意事项;
体会如实记录数据的过程,逐渐养成认真、科学的精神

4. 学习重点难点

重点:学会采集环境温度、光线传感器数据以及加速度传感器数据。
难点:采集网络数据

5. 学习评价设计

(1)学生听讲、回答问题情况
(2)是否完成实验
(3)是否如实记录实验数据
(4)实验过程中与同学小组分工合作情况

6. 学习活动设计

教师活动	学生活动
环节一:创设情况、导入新课	
教师活动 1 　　总结前两课时的成果,引出本节课的学习内容。 　　前两节课我们一起分析了"互联网智能闹钟"的功能、做了软件、硬件方面的准备,还为"互联网智能闹钟"做了外形设计和制作。这个项目需要掌控版来采取环境的一些数据,这节课我们就来学习如何利用掌控板来采取数据应用于"互联网智能闹钟"中。 　　之前,我们学过 Python 的主要输入方法有两种:利用 input( )输入和文件输入,接收这些输入数据后,再利用编程语句对这些数据进行处理,从而得到结果。 　　这节课我们要了解掌控板是如何输入数据的	学生活动 1 　　听讲、回顾前两节课的学习内容,明确本节课的学习内容

续表

活动意图说明:

　　本活动意图在于导入新课,使学生明确本节课学习目标和任务

环节二:了解掌控板的输入系统

教师活动2

　　讲解、展示掌控板的数据输入及采集相关硬件以及这些硬件的功能。

　　掌控板上的硬件:

学生活动2

　　听讲,了解掌握控板有数据输入及采集硬件的功能

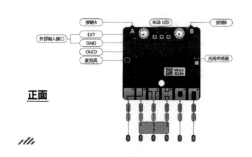

正面

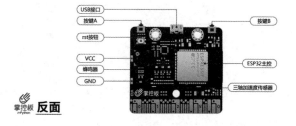

反面

　　掌控板上可以用于数据输入与采集的硬件:

2 个按钮

麦克风

三轴加速度计 MSA300,测量范围:±2G

光线传感器

支持 2 个物理按键(A/B)、6 个触摸按键

　　支持 1 路鳄鱼夹接口,可方便接入各种阻性传感器等。掌控板可以通过拓展板将 IO 引脚拓展并连接控制或读取其他元器件或模块

活动意图说明:

　　学生了解掌控板的数据输入及采集相关硬件的名称及作用,为后续输入和采集数据打下基础

环节三:了解传感器数据采集的方法和一般原则

教师活动3 　　讲解开源硬件项目制作过程中,数据采集的主要方式,传感器数据采集的方法。 　　在开源硬件项目制作中,通常采用感受物理环境信息的传感器。例如,像眼睛一样能感受光线强弱的光敏传感器,像耳朵一样能感受声音大小的声音传感器,以及能感受温度高低的温度传感器等。 　　传感器数据采集的一般原则:无论哪种数据采集设备,以哪种方式采集,均以不影响被采集对象为前提,同时须尽可能保证所采集数据的准确性。 　　对于传感器数据采集而言,就是将物理环境信息通过传感器转换成电信号,并通过数据转换成数值。例如,热敏电阻是常用的温度传感器元器件,根据温度变化,其电阻值会发生相应的变化。将热敏电阻串联到电路中,能根据环境温度变化产生不同的电信号,通过控制器将其转变成温度数值	学生活动3 　　听讲,理解传感器采集数据的一般原则和方法

活动意图说明:
　　知道传感器数据采集的一般方法和原则,在后续的采集数据实验中遵循采集原则

环节四:实验不同采集数据的方法

教师活动4 　　一、强调实验安全问题 　　1.保证硬件连接正确,以下实验没有外接传感器,但在电脑 USB 接口插拔时要小心、注意。 　　2.注意开源硬件的短路问题,确保台面干燥。若台面为金属材质,则需在桌面上加垫绝缘垫,以防止掌探板短路。 　　3.注意静电对开源硬件的干扰。 　　在接触掌控板前需做好静电防护措施。 　　4.检查电源供电是否正常。 　　项目制作中先要确定硬件常规工作电压与电流,并选择合适的电源供电。 　　二、发放实验报告,指导学生进行实验 　　指导学生打开 mpython 程序界面,连接掌控板,并进行实验,记录实验数据,填写实验报告。 　　实验一,获取控制信息 – 按钮的使用; 　　实验二,获取声音 – 麦克风的使用; 　　实验三,获取环境光线信息 – 光线传感器的使用; 　　实验四,获取摇动信息 – 加速度传感器的使用; 　　实验五,获取互联网信息。 　　巡视,指导学生解决在实验过程中遇到的问题。	学生活动4 　　听讲,知道并谨记开源硬件使用安全要求。 　　按照实验报告要求和步骤一一对数据的采集进行实验,并做好实验记录,将实验报告填写完整。 　　小组内要分工明确,有记录、有操作,互相探讨遇到的问题

活动意图说明:

通过实验的方式,学生以小组为单位进行数据输入与采集的实践,从而体验掌控板输入及采集数据的过程,掌握数据采集方法

环节五:实验总结,确定"互联网智能闹钟"所需要数据,提交课堂实验程序及实验报告

教师活动5	学生活动5
引导学生分析实验过程中遇到的普遍性问题。 引导学生分析互联网智能闹钟所需要采集的数据有哪些。 接收学生提交的实验报告及程序	回顾实验过程中遇到的问题,分析"互联网智能闹钟"需要采集哪些数据。 提交课堂实验程序及实验报告

活动意图说明:

总结实验,明确"互联网智能闹钟"应采集哪些数据,为"互联网智能闹钟"的实现打下基础

环节六:整理硬件、课堂总结、布置作业

教师活动6	学生活动6
提醒学生整理掌控板,放回原处。 总结本节课学生表现。 布置课后作业,请同学们思考,在了解了掌控板的输入数据及数据采集的方法后,"互联网智能闹钟"还可以拓展哪些功能	整理实验器材。 了解、记录课后作业

活动意图说明:

培养学生养成良好的实验器材整理、归位的好习惯。

通过自评和互评使学生反思自己的学习过程,对自己本节课的学习表现具备明确的认识,逐步形成正确看待自己和他人的能力。

课下思考如何拓展"互联网智能闹钟"的功能,学以致用

作业与拓展学习设计

请同学们思考,在了解了掌控板的输入数据及数据采集的方法后,"互联网智能闹钟"还可以拓展哪些功能

特色学习资源分析、技术手段应用说明

实验报告引领学生进行数据采集的实验,同学们在实验过程中体验掌控板数据采集的过程,从而掌握数据采集的方法

教学反思与改进

　　本节课结合掌控板的硬件系统部分的学习,围绕"互联网智能闹钟"的制作,对数据的输入和采集进行了全面的了解和学习。

　　本节课教学环节设计依据学生知识—能力—素养提升的路径进行设计,实验任务符合学生的思维习惯和认知水平,教学过程环环相扣,知识学习、实验验证与问题讨论有机结合。

　　在教学实施过程中,学生在实验报告的引导下体验了掌控板数据输入和采集的全过程。在这个过程中,学生不但系统学习了掌控板中按钮、典型传感器的知识以及利用传感器获取数据的方法,还利用讨论与验证环节对各传感器的功能和作用加以理解和应用,提高了使用开源硬件解决实际问题的能力。这使信息意识、计算思维以及信息社会责任核心素养得以落实。

　　本节课是一节项目引领的学生探究与反思的典型课例,很好地完成了教学目标

"互联网智能闹钟"数据输入与采集实验报告

一、实验目标

1. 体验掌控板数据输入与传感器采集数据的过程,学会传感器采集方法；

2. 学会如实记录实验数据；

3. 感受掌控板按钮及传感器的作用。

二、实验准备

1. 接收教师下发的数据采集相关程序文件；

2. 领取掌控板并与电脑正确连接；

3. mpython 是否正确安装以及掌控板驱动是否正确安装。

三、安全须知

1. 保证硬件连接正确,以下实验没有外接传感器,但在电脑 USB 接口插拔时要小心、注意。

2. 注意开源硬件的短路问题,确保台面干燥。若台面为金属材质,则需在桌面上加垫绝缘垫,以防止掌探板短路。

3. 注意静电对开源硬件的干扰。静电电压可能会造成硬件的损坏。因此,在接触开源硬件前需做好静电防护措施,如戴防静电手套,或触摸一下暖气管、水管和墙壁等。

四、实验过程及结果和结论

1. 按钮实验

掌控板上部边沿有按压式 A、B 两个按键,本实验要检测一下按钮按下与未按下时的状态。

（1）打开 mpython 的交互界面，输入以下命令，导入 mpython 模块：

>>> from mpython import *

>>>

（2）输入以下命令获取 a 按键**按下**和**未按下**两种状态的值：

>>> button_a. value( )　　　　#读取按键 a 不按时的值

>>> button_a. value( )　　　　#读取按键 a 按下时的值

（3）将结果填于下表

A 按键按下返回值	A 按钮未按下的返回值

（4）试验结论

A 按钮按下时为＿＿＿＿（高\低）电平，未按下时为＿＿＿＿（高\低）电平。

（5）讨论与验证

与同组同学讨论，以下程序是什么功能？并验证。

```
from mpython import *#导入掌控库
import time#引入时间库
while True：
    if button_a. value( ) = = 0 and  button_b. value( ) = = 1：# 按下时为 0,
松开为 1
        rgb. fill((50,0,0))   # 设置为红色
        rgb. write( )
    if button_a. value( ) = = 1 and  button_b. value( ) = = 0：
        rgb. fill((0,0,0))    # off
        rgb. write( )
        time. sleep_ms(100)#延时防抖
```

2. 触摸按键试验

掌控板板载 6 个触摸焊盘，从左到右分别为 touchPad_P、touchPad_Y、touchPad_T、touchPad_H、touchPad_O、touchPad_N。

（1）首先导入 mpython 模块，尝试用手指触摸 P 金手指处，使用 read( ) 读取值。观察变化：

>>> from mpython import *

>>> touchPad_P. read( )

>>> touchPad_P. read( )

>>> touchPad_P. read( )

(2)将结果写于下表

	P 键	Y 键
第一次触摸		
第二次触摸		
第三次触摸		

(3)试验结论

掌控板上触摸键的返回值大小与_____有关。

(4)讨论思考

讨论以下程序的功能,并验证。

```
from mpython import *    # 导入掌控库
while True:
    if touchPad_P. read( ) < 100:
        rgb. fill((255,0,0))    # 设置为红色
        rgb. write( )
    elif touchPad_Y. read( ) < 100:
        rgb. fill((0,255,0))
        rgb. write( )
    elif touchPad_T. read( ) < 100:
        rgb. fill((0,0,255))
        rgb. write( )
    elif touchPad_H. read( ) < 100:
        rgb. fill((255,0,255))
        rgb. write( )
    elif touchPad_O. read( ) < 100:
        rgb. fill((255,255,0))
        rgb. write( )
    elif touchPad_N. read( ) < 100:
        rgb. fill((0,255,255))
        rgb. write( )
```

3. 掌控板板载麦克风采集声音

（1）我们使用 sound 对象来获取麦克风传感器数据，在交互界面输入如下命令：

```
>>> from mpython import *
>>> sound. read( )
```

（2）将实验数据记录在以下表格中。

没人说话时	同学 A 对准麦克风说话时	同学 B 对准麦克风说话时

（3）研究结论：

声音的返回值与哪些因素有关？

_____。

（4）讨论验证

讨论并验证以下程序的功能：

```
from mpython import *
import time
state = True
while True：
    display. fill(0)
    display. DispChar('声音：',0,16)
    display. text("%d" % (sound. read( )),40,20)
    display. show( )
    if sound. read( ) > 10：
        if state == True：
            rgb[0] = (255,0,0)      # 设置红色
            rgb[1] = (0,255,0)      # 设定为绿色
            rgb[2] = (0,0,255)      # 设置为蓝色
            rgb. write( )
            state = not state
        else：
            rgb[0] = (0,0,0)
            rgb[1] = (0,0,0)
            rgb[2] = (0,0,0)
```

```
        rgb. write( )
        state  =  not state
    time. sleep_ms(200)
```

4. 掌控板光线传感器采集数据实验

掌控板光线传感器可以用其感知周边环境光的变化。

（1）我们使用 light 对象来获取光线传感器数据，在交互界面输入如下命令：

```
 >>>  from mpython import  *
 >>>  light. read( )
```

（2）观察结果并输入记录在以下表格中

正常光线	手捂住光线传感器的值	猜测环境全黑时的值

（3）研究结论

光线越暗值越＿＿＿＿＿（大\小），光线越亮值越＿＿＿＿＿（大\小）。

估算一下需要亮灯时的光线传感器的值：＿＿＿＿＿。

（4）知识链接：

麦克风和光线传感器均用 read( ) 函数来读取数据。返回的值为 12bit 的 ADC 采样数据，即最大值为十进制 4095。学会了如何收集周边环境声音和光线数据，我们可以结合其他功能做些有趣的场景。

（5）讨论与验证

讨论说出以下程序的功能，并验证。

```
from mpython import  *  #掌控库
import time              #时间库
while True：
    display. fill(0)    #清屏
    display. DispChar("亮度：",0,16)     #显示亮度到0,16
    display. text("%d" % (light. read( )),48,18)   #显示板载光线传感器
    display. show( )    #刷新
    time. sleep_ms(10) #延时10ms
    if light. read( )  < 200 ：
        rgb[0]  = (255,0,0)    # 设置红色
        rgb[1]  = (0,255,0)    # 设定为绿色
        rgb[2]  = (0,0,255)    # 设置为蓝色
```

```
        rgb. write( )
    else：
        rgb[0] = (0,0,0)
        rgb[1] = (0,0,0)
        rgb[2] = (0,0,0)
        rgb. write( )
```

5. 掌控板加速度传感器试验

掌控板上的加速度计可测量加速度。可测量 +2g 到 −2g 之间的加速度。

(1)将以下代码输入,并存储文件,刷入掌控板运行

```
from mpython import *
import time
while True：
        display. fill(0)
        x1 = accelerometer. get_x( )
        y1 = accelerometer. get_y( )
        z1 = accelerometer. get_z( )
        display. DispChar("加速度 x:",0,0)
        display. DispChar(str(x1),48,0)
        display. DispChar("加速度 y:",0,16)
        display. DispChar(str(y1),48,16)
        display. DispChar("加速度 z:",0,32)
        display. DispChar(str(z1),48,32)
        display. show( )
        time. sleep_ms(10)
```

(2)将实验数据填写在下表中

掌控板状态	平放桌面	翻转平放桌面	控板下板边直立与桌面	掌控板左板边直立与桌面
加速度传感器数值				

(3)实验结论

当重力加速度与加速度轴方向一致时,即等于_____ g 的地球重力加速度。正方向为_____ g,反方向为_____ g。假如你猛烈地摇动掌控板,你会

看到加速度达到____g。那是因为这个加速度计的最大测量值为_____g。

（4）知识链接

通过 accelerometer 对象获取 3 轴加速度。获取 3 轴加速度获取方法分别为 get_x( )、get_y( )、get_z( )。每个轴的测量值是正数或负数，表示以克为单位的值。当读数为 0 时，表示沿着该特定轴"水平"放置。1g 为重力加速度。

（5）讨论

讨论加速度传感器可以用于哪些情形？选择一种情形，写出具体使用方法。

_____

_____

_____

五、讨论总结

与同伴讨论"互联网智能闹钟"需要采集哪些数据，列出所需要的传感器。

_____

_____

_____

_____

_____

"智能问答机－点阵屏的使用"教学设计

教学基本信息	
课题	第 1 课时智能问答机—点阵屏的使用
教材	《创造栗》

教学背景分析	

教学内容:本节内容是第六栗－智能问答机中的一部分,因点阵屏是学生第一次使用,因此有必要加入一些练习使他们对点阵屏的使用加以熟悉,同时也体现了创造栗硬件的一些典型应用。

学生情况:本节课的教学对象可以是初一或初二年级学生。他们之前应该学过了创造栗的前五栗,对于人工智能之语音控制原理有了一定的了解,熟悉了创造栗编程环境,了解了基本的硬件连接方法,对于语音控制 LED 灯,语音控制电机转速,语音控制的录音,音乐播放、语音播报测距,男声、女声的识别等方面有了一些体验。而对于点阵模块的使用以及利用创造栗上网搜索还没有接触过。

教学方法:采用任务驱动,体验式学习与学生自主创新练习相结合的教学方式

教学目标	

1. 知识与技能
了解点阵模块的功能。
2. 过程与方法
通过任务操作,掌握设置点阵模块字母显示的方法;
掌握点阵模块图形及颜色设置的方法;
继续熟悉声音对程序控制的使用。
3. 情感态度与价值观
通过完成课堂学习任务及自主发挥创意作品,深刻体会程序的作用,提高学习的成就感。
教学重点:点阵模块的字母显示。
教学难点:与创造栗 3 结合制作音配画的效果

	教学过程				
教学阶段	教师活动	学生活动	设置意图	技术应用	时间安排
创设情境	我们经常看到学校门口或一些建筑物的墙上面有滚动字幕(可以播放一些现实生活看到的一些视频),同学们想过没有,这些是怎么实现的呢?今天这节课我们就用创造栗提供的点阵板来实现字母及图案的呈现	观看视频,回答老师的问题,思考滚动屏是如何实现的。	激发学生学习兴趣,引出本节课教学	大屏幕播放	3分钟
讲解点阵屏	一、创造栗点阵屏讲解 创造栗点阵屏共有 8×8 个发光二极管,每个点有红、绿、黄三种颜色,通过 I2c 接口进行控制,通过点阵屏自带拨片设置,最多可级联 8 个点阵屏。 二、展示流水字母的效果 教师展示流水字母的效果,几个字母依次出现在点阵模块上	听讲,观察点阵屏的结构。 听讲,观察程序运行的效果。	使学生了解点阵屏的结构和特点。 使学生了解流水字母程序的效果。		2分钟

教学阶段	教师活动	学生活动	设置意图	技术应用	时间安排
连接硬件	三、连接硬件 1.先将基本配件主控板、扩展板、扬声器和电源适配器连接在一起。 2.将点阵屏连接在扩展板的I2C接口行，连接如下图所示 	观看老师的讲解和演示，按要求接好相关线路	使学生知道如何连接相关硬件	实物投影	3分钟
编写程序	四、图形化编程 任务1，声控显示流动的字母 分析： (1)点阵模块显示字母的命令 (2)声控部分 这部分我们大家应该都很熟悉了，加上人工智能相应的模块，再加上一句"kai shi"，当系统听到这句命令时再开始执行后面的程序。 注：为了使程序开始时点阵模块上面的图形不乱，可以在初始化中加入使点阵模块出现一个字母的语句。 (3)流水字母部分 加入要轮流显示的字母，与延时语句配合，写出整个流水字母出现的过程	找到点阵模块显示字母的语句。 添加初始化模块的程序。 撰写流水字母部分的程序。	找到显示字母语句 学会显示字母语句的使用	屏幕广播 屏幕广播	10分钟

教学阶段	教师活动	学生活动	设置意图	技术应用	时间安排
学以致用	任务2,声控倒计时 利用点阵模块显示 10、9、8、7……等倒计时数字,每隔一秒钟显示一个。 教师展示程序运行结果。 介绍点阵模块图形化的功能使用的语句为: 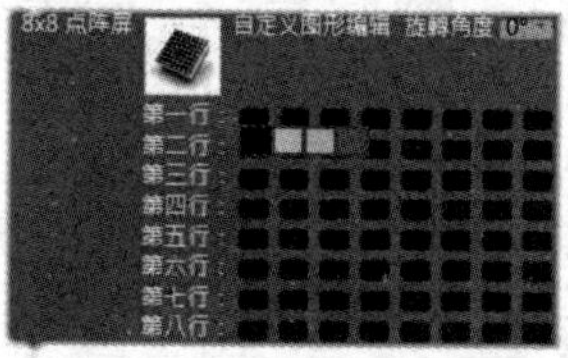 每个点上有三种颜色,通过改变相应点上的颜色设置不同的数字显示。 如数字 10 的设置如下图所示: 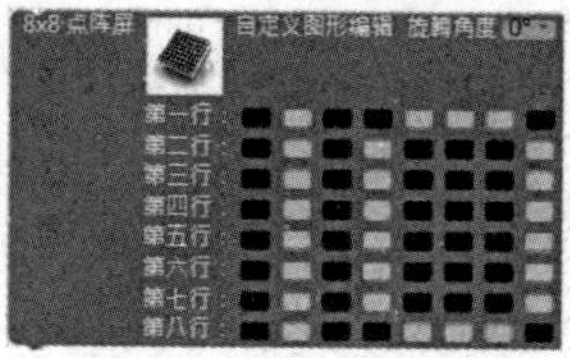 请同学们自行完成这个程序,并调试运行	调试程序,保存程序。 观察老师的展示。思考制作方法。 找到这个语句,尝试改变颜色。 可以在任务 1 程序的基础上进行修改,完成倒计时牌的制作	了解使用颜色区别显示图案。 学会设置图案		10分钟
分享交流与评价	找同学展示自己的作品,并点评	互相欣赏作品,改进自己作品	互相观摩,共同提高	学生演示	5分钟

215

教学阶段	教师活动	学生活动	设置意图	技术应用	时间安排
拓展任务	任务3,结合创造栗3,制作与播放的音乐相关的图形,达到随着音乐的播放点阵模块的图案也随之变化的效果	打开之前完成的创造栗3音乐播放程序,发挥自己的想象和创造力,为播放的音乐配上相应的图案显示	与前面所学相结合,为学生提供想象和创意制作的空间和时间,提高他们的学习的成就感和自豪感	学生演示	10分钟
知识梳理	显示字母: 显示图案:	总结本节课所学两条核心语句	巩固所学新知		2分钟

教学板书设计

点阵屏的使用
(画出一个点阵屏的样子)

学习效果评价设计

评价方式:按照学生课堂任务完成情况进行小组互评。
任务一,50分;
任务二,50分;
任务三,加分30分

本教学设计与以往或其他教学设计相比呈现的特点

本节课教师引导学生连接硬件,学习点阵屏显示字母及图案的不同设置方法,还给学生留下了发挥创意设计自己作品的空间和时间,便于学生学以致用,将程序设计与现实生活场景相联系

"智能问答机 – 红外传感器的使用"教学设计

<table>
<tr><td colspan="6" align="center">教学基本信息</td></tr>
<tr><td>课题</td><td colspan="5">第2课时智能问答机 – 红外传感器的使用</td></tr>
<tr><td>学科</td><td>信息技术</td><td>学段：</td><td>初中</td><td>年级</td><td>七年级</td></tr>
<tr><td>相关
领域</td><td colspan="5">人工智能</td></tr>
<tr><td>教材</td><td colspan="5">《创造栗》</td></tr>
<tr><td colspan="6" align="center">教学背景分析</td></tr>
</table>

教学内容：本节内容是第六栗 – 智能问答机中的第二部分，因学生第一次使用红外传感器，因此有必要加入一些练习使他们对红外传感器的使用加以熟悉，同时也体现了创造栗硬件的一些典型应用。

学生情况：本节课的教学对象可以是初一或初二年级学生。他们之前应该学过创造栗的前五栗，对于人工智能之语音控制原理有了一定的了解，熟悉了创造栗编程环境，了解了基本的硬件连接方法，对于语音控制 LED 灯，语音控制电机转速，语音控制的录音，音乐播放、语音播报测距，男声、女声的识别等方面有了一些体验。刚刚学习了点阵模块的使用，对于红外传感器还是第一次接触使用。

教学方法：采用任务驱动，体验式学习与学生自主创新练习相结合的教学方式

教学目标

1. 知识与技能
了解红外传感器的原理及功能。
知道红外传感器的应用场合。
2. 过程与方法
通过任务操作，掌握红外传感器的使用方法。
3. 情感态度与价值观
通过完成课堂学习任务及自主发挥创意作品，体会模拟现实生活中实际问题的程序编写过程，深刻体会程序在日常生活中的作用。
教学重点：创造栗红外传感器的使用。
教学难点：与点阵模块相结合，制作自己的创意作品

续表

教学过程

教学阶段	教师活动	学生活动	设置意图	技术应用	时间安排
创设情境	播放上节课学生的创意作品并且点评。 　　引出本节课的教学内容：这节课我们来探索另一个非常有用的硬件，下面请同学们观看一段在日常生活中常常见到的一段视频（商场、公司的自动感应门场景），哪位同学知道为什么门知道有人靠近了呢？是什么在起作用？ 　　看来同学们的知识面很广呀，对了，就是红外传感器（同时在黑板上书写这几个字）。 　　如果学生不能正确回答，老师就说："这里有一个关键部件就是红外传感器"（同时在黑板上书写这几个字）	回顾上节课的作品，思考、回答老师提出的问题	激发学生学习兴趣，引出本节课教学	大屏幕播放	4分钟
新课讲解	一、大屏幕上展示红外传感器的图片，简单讲解红外传感器的工作原理。 1.红外传感器，英文名称为 infra-red sensor，是一种以红外线为介质来完成测量功能的传感器。 2.红外线又称红外光，它具有反射、折射、散涉、干涉、吸收等性质。任何物质，只要它本身具有一定的温度，都能辐射红外线。 3.红外线感应器利用了红外线反射原理，如当人体靠近时（其他物体也可），红外线发射管发出的红外线，被挡住了，反射到红外线接收管中，就构成了两种状态，接通和断开的状态	听讲，理解红外传感器的原理及作用	使学生知道什么是红外传感器，了解红外传感器的特点及作用 使学生知道红外传感器在各个领域的应用	大屏幕播放PPT。	10分钟

教学阶段	教师活动	学生活动	设置意图	技术应用	时间安排
任务描述 硬件连接	4.红外传感器的应用场所 (1)生活中:鼠标、遥控器; (2)工业上:红外无损探伤仪; (3)军事:直升机、无人机、预警机、侦察车、舰艇、新型侦察技术等; (4)应用在智能机器人中:避障红外传感电子小车、超级红外遥控智能机、红外遥控壁障小车。 …… 5.红外传感器不与被测物体接触,因而不存在摩擦,并且有灵敏度高,响应快等优点。 6.创造栗红外传感器中,当有物体靠近,红外线被挡住时,其上指示灯亮,此时它所在的数字 I/O 口,电平为高,可以认为是 1;反之,指示灯灭,电平为低,可以认为是 0。 二、自动感应开门 现在我们要用创造栗红外传感器制作一个自动感应门的效果,当有人靠近门时,门会打开(这里我们用 LED 灯来表示门开的效果,当红灯亮起时说明门开了),并且说出"欢迎光临"的语音。(讲解演示如何连接硬件、程序关键语句)	理解要完成的任务。 按要求连接硬件。	使学生认识到红外传感器的优势。 使学生理解任务的具体要求。 连接必要硬件。		

教学阶段	教师活动	学生活动	设置意图	技术应用	时间安排
编写程序	连接硬件 如图所示,将红外传感器接到扩展板的 D5 接口上,LED 灯接到 D4 接口上,喇叭跟上节课一样接在 D9 接口上 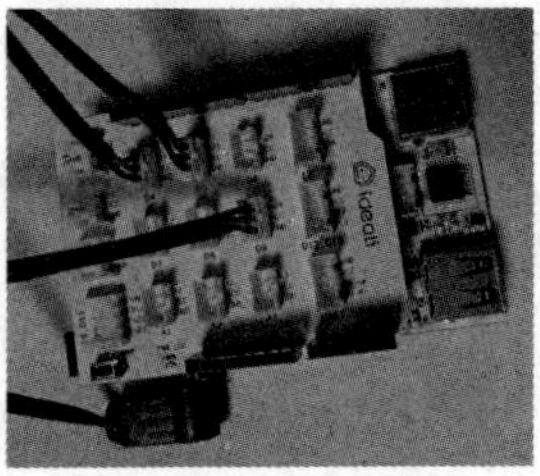 2. 图形化编程 (1)人工智能部分(与上节课相同) 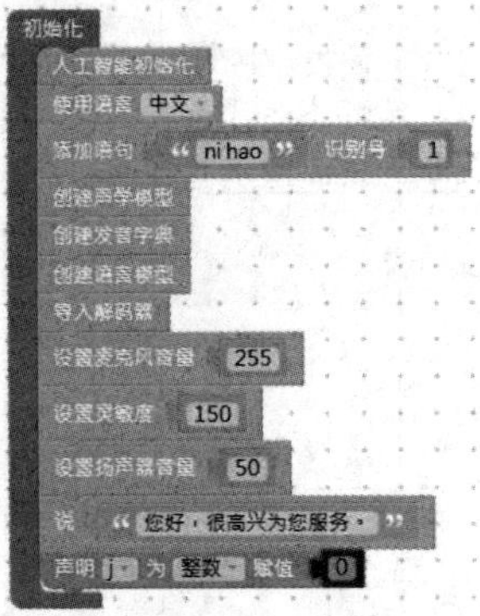 (2)红外传感器感应部分 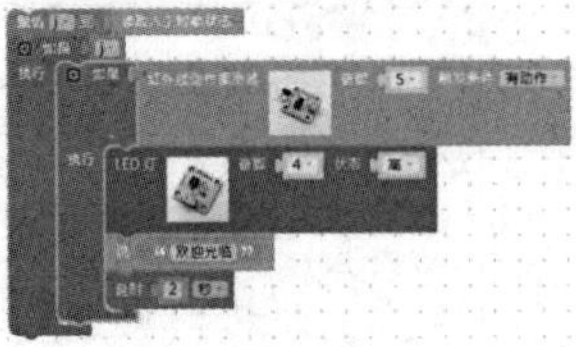 	编写程序。	在理解红外传感器语句的基础上编写程序。	实物投影	3分钟

教学阶段	教师活动	学生活动	设置意图	技术应用	时间安排
调试程序 思考问题	 这条语句就说明有人靠近这个门了。 请同学们调试运行这个程序，并尝试将延时2秒这个语句去掉，观察会出现什么现象？ 你会发现：只有第一次程序的执行是正确的，即人靠近红外线传感器，其指示灯亮起后，开始触发执行互联网智能咨询语句块。但是马上事情失控，程序一直不断执行此语句块，即使此时红外线传感器指示灭了，智能咨询也在被重复执行。 这是由控制板的工作机理所限制的。我们加上延时模块后就能很好地解决这个问题	理解红外传感器相关语句的意义和作用。 调试程序。 思考问题并修改程序	学会分析出现的问题，找到解决的方法	广播软件	8分钟
自主创新	三、自主创新 请同学们进一步思考，我们的程序是不是还不太完美呢？ 在实际生活当中，进门时会说"欢迎光临"，出门时应该说"再见，欢迎再次光临"，那我们的程序该如何改呢？ 同学们思考并回答老师提出的问题。 提示：再加一个红外传感器，一个冲门外，一个冲门里。那程序应该怎么写呢？请同学们自主完成。 老师巡视，解决学生操作过程中出现的问题	思考老师提出的问题，并自主修改完善程序，调试、运行程序	与生活实际相联系，自主调试程序解决实际问题		10分钟

续表

教学阶段	教师活动	学生活动	设置意图	技术应用	时间安排
展示交流	四、展示交流 利用广播软件展示同学的程序,并点评	观看同学程序,修改完善自己的程序	互相观摩,共同提高	学生演示	5分钟
综合运用	五、更上一层楼 请同学们继续完善自己的程序,加上上节课的点阵模块显示,比如,说"欢迎光临"的同时,点阵模块露出笑脸。 巡视,观察学生的创意	为自己的程序加上点阵模块效果	从生活实际出发,体验自我发挥创作的乐趣		4分钟
思考作业	六、课外思考作业 请同学们列出至少两种日常生活中有可能用到红外传感器的场景	思考课外作业	拓展思维,逐渐养成观察生活的习惯		1分钟

学习效果评价设计

评价方式:按照学生课堂任务完成情况进行小组互评。
任务一,照猫画虎完成程序,30分;
任务二,加第二个红外传感器,50分;
任务三,加笑脸,并调试成功,20分

本教学设计与以往或其他教学设计相比呈现的特点

在讲解基础知识的基础上,结合实际生活中的实际情况,给学生留出了较多的时间解决问题

"智能问答机－智能问答"教学设计

教学基本信息

课题	第 3 课时　智能问答机－智能问答				
学科	信息技术	学段	初中	年级	七年级
相关领域	人工智能				
教材	《创选栗》				

教学背景分析

教学内容:本节内容是第六栗－智能问答机中的第三部分,这部分要实现主探板与互联网相连,真正实现智能问答的功能。

学生情况:本节课的教学对象可以是初一或初二年级学生,他们之前应该学过了创造栗的前五栗,对于人工智能之语音控制原理有了一定的了解,熟悉了创造栗编程环境,了解了基本的硬件连接方法,对于语音控制 LED 灯,语音控制电机转速,语音控制的录音,音乐播放、语音播报测距,男声、女声的识别等方面有了一些体验。刚刚学习了点阵模块的使用和红外传感器的使用,对于主控板与互联网相联还没有接触过。

教学方法:采用任务驱动,体验式学习与学生自主创新练习相结合的教学方式

教学目标(内容框架)

1. 知识与技能

了解智能语音交互的概念。

了解利用接收提问并自动回复(互联网)命令进行单一问题解答。

知道 switch 分情况语句的作用。

2. 过程与方法

掌握 USB 无线网卡的网络配置方法。

学会分情况 switch 语句的使用方法。

能够组装外观件,掌握硬件与外观的组合方法。

在智能百科问答机的基础上进行拓展设计。

3. 情感态度与价值观

通过完成课堂学习任务,体会创造栗强大的语音交互和联网功能,感受技术给学习、生活带来的便利。

教学重点:分情况 switch 语句的使用方法。

教学难点:USB 无线网卡的网络配置方法

教学过程(表格描述)

教学阶段	教师活动	学生活动	设置意图
创设情境	小栗三岁的弟弟一切充满了好奇,被称为"好奇宝宝",经常缠着小明问很多问题。有些问题小栗也不知道答案,所以小栗想,能不能用创造栗为弟弟做一个智能百科问答机,帮助弟弟和自己解答疑问呢	听讲,思考问题	创设情境,引出本节课教学
明确问题	一、讲解任务要求 本课的目标是制作一个智能百科问答机。当人靠近问答机时,问答机可以检测到并问:"您好,有什么需要我帮助的吗?"然后人提出问题,问答机在互联网上搜索答案并回答。也可以进行语音触发,当人用语音问问题时,如"今天北京的天气怎么样"等,它也能上网查询,然后回答问题的答案	听讲,理解要解决的问题	使学生了解要解决的问题
问题分析	二、任务分析 在这个任务中要求当人靠近问答机时,问答机可以检测到并问:"您好,有什么需要我帮助的吗?"这需要有一个红外传感器来感应是否有人靠近,还要唤醒创造栗主板的人工智能功能,说出问候语。 接下来,人提出问题,问答机在互联网上搜索答案并回答。 这需要创造栗主板能够上网搜索问题的答案并用语音来回答这个问题。 关于当人靠近时用红外传感器的感应来反应,这个红外传感器在这个程序中相当于一下总开关。它的使用方法,同学们在上一节课中就学会了,而如何根据人的语音指令来联网搜索到问题的答案并说出来可以用创造栗软件中的 接受提问并自动回复(互联网) 命令来实现,另外,我们还可以用 8×8 的点阵屏上不同的图案来表示系统的状况。 这样,整个程序的执行过程可以用以下流程图来表示	听讲、思考关键问题	引导学生分析问题,锻炼学生分析问题的能力

教学阶段	教师活动	学生活动	设置意图
	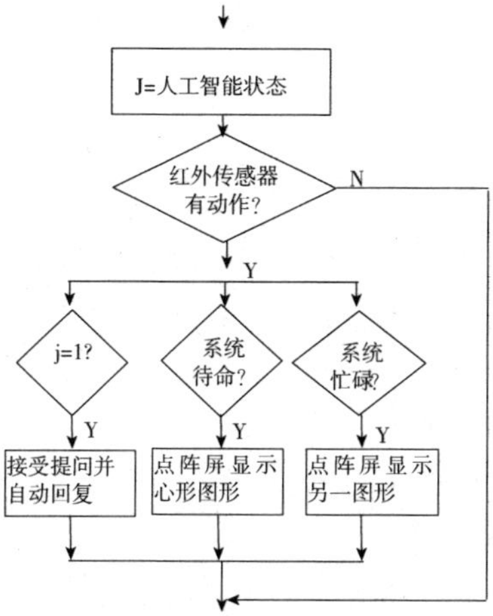	理解语句的作用,并知道该语句所在的模块 观看、思考流程图的表示方法	使学生知道关键语句的作用及所在模块 使学生了解流程图是如何表示程序的执行过程的
硬件连接	下面我们先来把硬件连接好。 三、讲解、演示硬件连接 首先我们先将所需硬件连接起来。 1. 将基本配件主控板、扩展板、扬声器和电源适配器连接在一起。 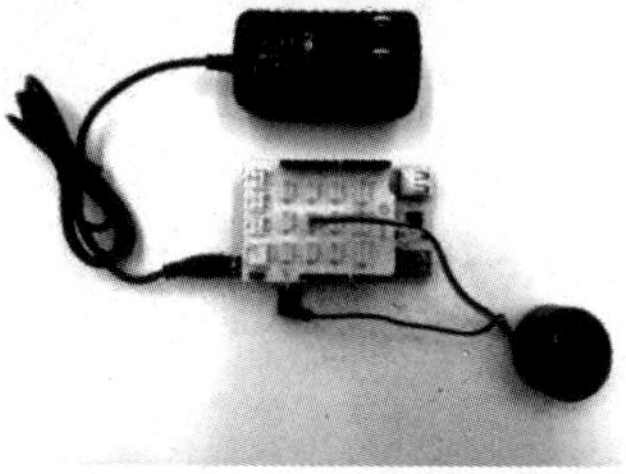 2. 问答机需要显示笑脸和哭脸来提示什么时候说话能够被听到,所以需要能够显示图案的点阵屏。将点阵屏连接在扩展板的 I2C 接口行,连接如下图所示。 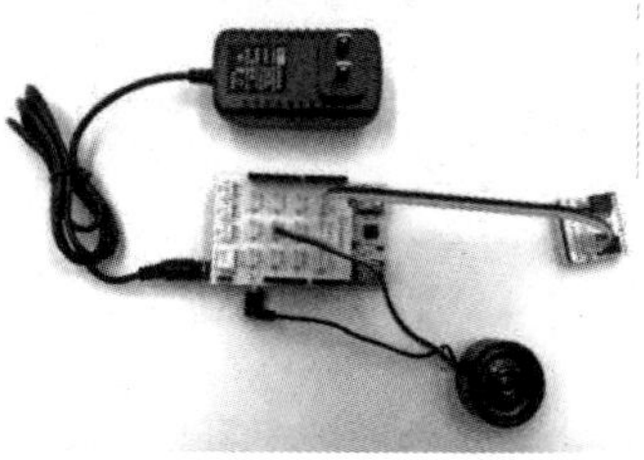 	按要求连接硬件	做好硬件准备

教学阶段	教师活动	学生活动	设置意图
	 3.问答机是通过感应来启动智能问答功能的,所以需要能够感应物体的红外传感器。将红外传感器连接在扩展板的 D5 接口上,连接如下图示。 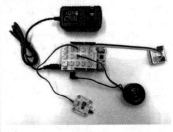 4.因为问答机需要连接 Wifi 后从网络上搜索答案的,所以需要 USB wifi。将 USB wifi 连接在主控板的 USB 接口上,连接如下图所示。 		

教学阶段	教师活动	学生活动	设置意图
设置 USB 无线 网卡	四、讲解 USB 无线网卡的网络配置方法(或播放微课视频) 想要访问互联网,我们必须保证创造栗控制板与互联网是联通的,这里会需要一些网络知识,不过按下面的步骤大家可以顺利地进行配置。 1. 把创造栗配套的 USB 无线网卡插入主控制板的 USB 口。默认情况下,Wi-Fi 名为 dino-0000、默认密码:12345678。 2. 通过笔记本电脑、手机等设备的 Wi-Fi 功能进行连接。 3. 开启网页(建议火狐、谷歌)地址:http://192.168.8.1:8080/,这时会打开以下的网页:打开菜单,选择其中的"网络设置"命令项。 4. 在打开的"网络设置"菜单中配置无线网络。 在 SSID 号和密码中,分别填入能够接入的Wi-Fi 名称和其连接密码。通常情况下,路由器会自动为接入的设备分配 IP 地址等相关参数。这样,创造栗控制板就连接上了互联网	听讲(或观看微课视频)、练习连接 USB-Wifi 和配置	使学生学会设置 USB-Wifi
编写程序	五、可视化编程 1. 人工智能语音模块 	编写程序	学会使用分情况语句编写不同情况的不同响应,学会创造栗人机交互语句的使用

教学阶段	教师活动	学生活动	设置意图
	2. 互联网智能咨询语句句块 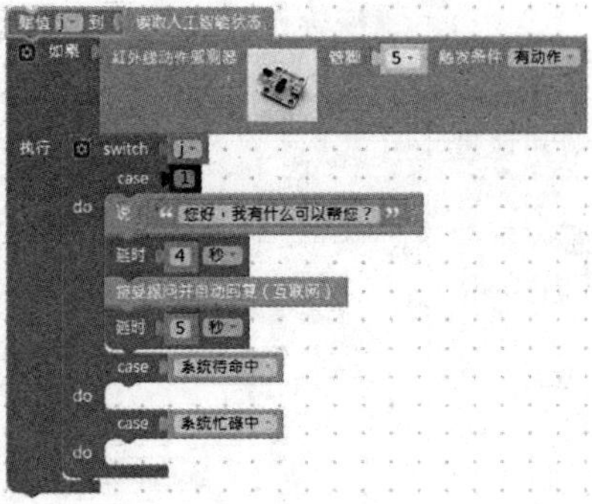 请同学们将系统待命和系统忙碌时 8×8 点阵屏的图案拖入相应的模块中 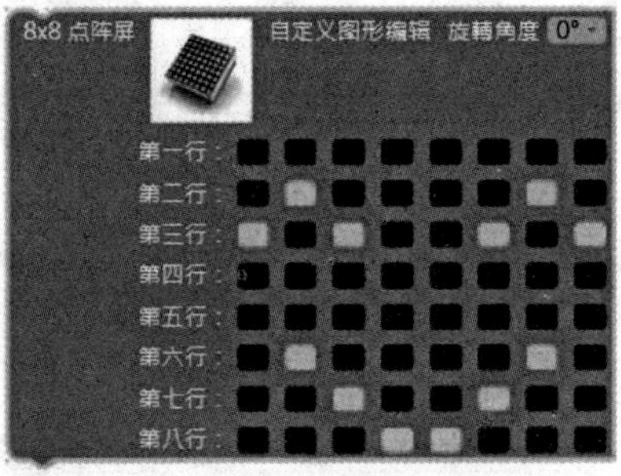 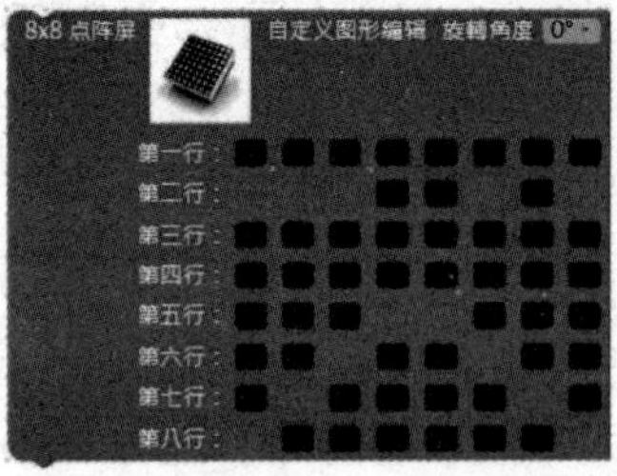 说明: 程序中"控制"模块中的  语句是分情况语句,我们可以根据程序的需要添加多种情况,如下图所示:	编写程序理解分情况语句的执行过程	学会增加不同的情况语句

教学阶段	教师活动	学生活动	设置意图
	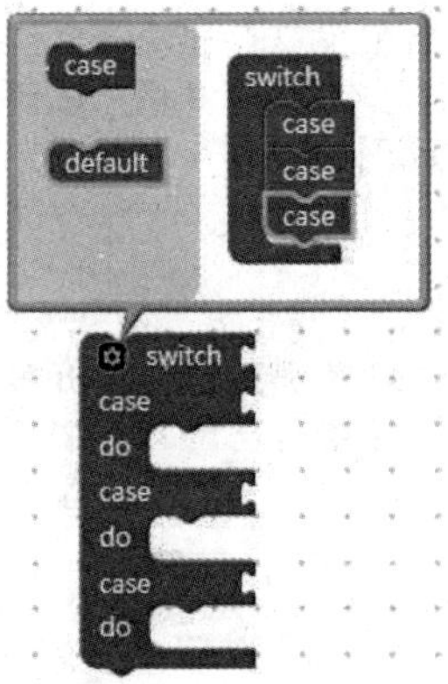 当满足 case 后面的条件时就执行相应的 do 后面的语句		
运行调试程序	六、下载、运行、调试程序	运行、调试程序	通过运行调试程序,体验创造栗的人机交互的功能
结构组装	七、结构组装 1.（1）从工具箱中找出 6－1 至 6－2、TY－4、TY－1 的零件以及两个吸铁石。 2.将连接好的硬件放入基础盒的相应位置完成图如下图所示:  	组装外包装	体验制作完整智能问答机的过程

续表

教学阶段	教师活动	学生活动	设置意图
知识总结	引导同学总结本节课所学关键知识： 语音交互的实现； USB Wifi 的连接和设置； switch 语句的作用及使用方法	思考、总结老师提出的这几个问题，并做好笔记记录	加深印象，强调重点
创意时刻（课外作业）	请同学们两人一组,讨论利用红外传感器、8×8 点阵屏、LED 灯、USB Wifi 等我们之前用到过的创造栗硬件,发挥自己的想象,列出还能做出哪些创意项目作品？每两个列出至少三种项目,请大家写在笔记本上。 注:此项也可以作为学生课下的作业。安排学生想好,列出自己的想法,下节课上课和大家分享	讨论思考利用现有硬件规划自己的创意作品	开发创意,服务学习和生活实际
		思考课外作业	拓展思维,逐渐养成观察生活的习惯

学习效果评价设计

评价方式:按照学生课堂任务完成情况进行小组互评。
智能问答机程序,50 分;
智能问答机外观,30 分;
创意想法,20 分

本教学设计与以往或其他教学设计相比的特点

这节课的项目所用硬件较多,程序执行过程相对来说比较复杂,教学重点应该是分情况语句的使用以及语音交互的实现。而学生对于 USB Wifi 的设置会感觉比较困难,最好是用微课视频讲解突破这个难点。而对于外包装的安装,学生除了按照课本要求的安装外还可以有自己的想法和创意,因此也不作为本节课的重点,为了避免这些内容对教学重点的干扰,所以也用微课视频来解决。这样既突出了教学重点,也节约了课堂宝贵的时间,为下节课的小组创意作品实现做好准备

"智能问答机－创意无限"教学设计

<table>
<tr><td colspan="7" align="center">教学基本信息</td></tr>
<tr><td>课题</td><td colspan="6">第4课时　智能百科问答机－创意无限</td></tr>
<tr><td>学科</td><td>信息技术</td><td>学段</td><td>初中</td><td>年级</td><td>七年级</td></tr>
<tr><td>相关
领域</td><td colspan="5">人工智能</td></tr>
<tr><td>教材</td><td colspan="5">《创选栗》</td></tr>
<tr><td colspan="7" align="center">教学背景分析</td></tr>
</table>

教学内容:本节内容是第六栗－智能问答机中的第三部分,这部分要实现主探板与互联网相联,真正实现智能问答的功能。

学生情况:本节课的教学对象可以是初一或初二年级学生,他们之前应该学过了创造栗的前五栗,对于人工智能之语音控制原理有了一定的了解,熟悉了创造栗编程环境,了解了基本的硬件连接方法,对于语音控制 LED 灯,语音控制电机转速,语音控制的录音,音乐播放、语音播报测距,男声、女声的识别等方面有了一些体验。刚刚在第六栗前三课时学习了点阵模块的使用和红外传感器的使用,学习了 USB 无线网的设置,体验了人机交互问答的实现以及智能问答机外观的组装,课下还与同学讨论了用这些硬件要做的一些创意作品构想。经过以上的学习和体验,学生已经具备了进行项目学习的软件、硬件知识。

教学方法:采用小组合作,项目学习的学习方式

<table>
<tr><td align="center">教学目标(内容框架)</td></tr>
</table>

1. 知识与技能

将学过的相关软件、硬件知识整合创意作品的想法。

2. 过程与方法

通过体验自己设计项目、规划项目、实施项目全过程,进一步掌握相关软件、硬件的使用方法,体会利用程序设计及硬件相结合解决实际问题的全过程,初步体会抽象、自动化等计算思维核心素养。

3. 情感态度与价值观

通过完成自己的创意作品,深刻理解技术给生活带来的变化,提高信息社会责任意识。体验小组合作实现创意作品的快乐。

教学重点:如何将自己的创意想法转变为可执行的程序。

教学难点:同重点

教学过程（表格描述）

教学阶段	教师活动	学生活动	设置意图
导入新课	上节课我们留了一个作业,同学们自由结组2～3人一组,进行讨论,利用我们学过的创造栗硬件设想出一个能够帮助你学习、生活的创意作品,我知道有些组的想法非常好,有哪个组愿意跟大家分享一下你们的创意呢?	积极思考、准备分享创意	引出本节课教学
分享交流	安排3个组上台分享自己的创意,讲清要求: 上台先报自己的姓名; 再简要说明自己的创意; 说明自己这个创意的使用场合、作用; 如果有图展示更好; 每个组把握时间不超过3分钟	积极上台分享自己的创意	分享创意,为后面具体实现做好准备
引导学生做好项目实施准备	一、确定实施的项目 以上同学的分享、创意都非常好,很多小组都想到了2～3个创意,接下来请同学们按你们自己的小组从以下几个方面进行讨论,选择一个这节课能实现的创意。 这个项目的功能需要哪些硬件? 列出来。 这个项目功能需要哪些语句来实现? 目前创造栗软件中有没有这个语句? 二、小组分工 要求学生做好小组分工,建议从以下几个方面进行分工: 项目外包装设计; 硬件准备及连接; 程序撰写及调试。 合作:一起讨论程序的执行过程,建议将过程流程画在笔记本上	讨论、确定最终项目。 做好小组内分工	引导学生分析问题,锻炼学生分析问题的能力。 分工合作,提高效率

续表

教学阶段	教师活动	学生活动	设置意图
项目实施	三、小组同学按照分工进行项目实施 巡视,帮助同学解决实施过程中遇到的问题,对于共性的问题进行统一讲解、解决	按照分工进行项目实施	项目实施
运行调试程序包装项目作品	四、调试程序、包装项目作品 引导小组学生做好程序调试和项目作品包装(利用之前小组同学准备的材料,如果时间来不及可以课外包装、修饰)	运行、调试程序、包装项目作品	进一步掌握运行、调试程序的方法,发挥创意包装自己的项目作品
展示分享	五、组织学生拿着自己的创意作品进行分享(时间关系,本节课找两个组) 提出作品评价要求: 创意50分; 技术难度30分; 硬件合理使用10分; 其他(美观、讲解清晰等)10分。 要求说清楚每个组员的分工,时间每个组不超过5分钟。 教师可以引导学生从以上四个方面对汇报的小组进行点评	上台展示、汇报。 听取其他同学汇报从四个方面做好自评,我、他评	展示分享、共同提高
		思考课外作业	拓展思维,逐渐养成观察生活的习惯

学习效果评价设计

创意作品评价:
创意50分;
技术难度30分;
硬件合理使用10分;
分工合作10分

续表

本教学设计与以往或其他教学设计相比呈现的特点

这节课是前面学习内容的综合运用。在教师的引导下,学生可以体验项目设计、方案确定、小组分工、合作以及项目实施和评价的全过程,是对前面所学知识的融会贯通和灵活运用,是学生对于知识达到掌握和运用程度的必经过程,最后的分享环节也给学生提供了展示的机会,对于他们学习的自信心和程序在现实生活中的应用起到积极的作用

"Python 综合作品制作"项目教学设计

项目教学设计	
单元(或主题)名称	综合项目制作

单元(或主题)教学设计说明
本项目是学习完 Python 知识后,制作综合作品,学生利用前面学习的 Python 知识,自选题目,利用老师提供的相关书籍以及网站的形式,2~3 人一组进行探究学习活动,最终形成小组的作品

单元(或主题)学习目标与重点难点
学习目标:
学会 Python 程序的统合应用;
通过体验项目制作的全过程,体验自主探究、合作学习的学习方法;
通过对项目的规划、抽象、算法的选择与程序的实现,提高信息意识以及计算思维、信息社会责任感;
通过上网收集资料等自主学习活动,体验数字化学习与创新。
学习重点:项目的规划与实施。
学习难点:各组遇到的不同技术难题

主题整体教学思路
分组—选择、确定项目—项目规划—项目实施—项目汇报与评价

课时教学设计 1	
课题	分组、确定项目主题
课型	新授课□ 章/单元复习课□ 专题复习课□ 习题/试卷讲评课□ 学科实践活动课☑ 其他□

1. 教学内容分析
本节课学生首先要进行分组,然后通过搜集资料、咨询老师确定小组项目主题

2. 学习者分析

学生学习了 python 的一些基本知识,体验了顺序结构、分支结构、循环结构的程序设计方法,也学习了分词、词云等 Python 程序的一些应用,对于制作综合项目有了一定的基础

3. 学习目标确定

确定小组项目主题;

明确项目进度要求

4. 学习重点难点

重点:小组确定项目主题

难点:学生合作过程中出现的问题

5. 学习评价设计

(1)学习主动性,参与讨论的情况。

(2)小组成立情况以及分工合作情况

6. 学习活动设计

教师活动	学生活动
布置项目任务 1. 画海报,Python 基本数据类型(2 人) 2. 画海报,Python 程序设计三大结构(2 人) 3. 画海报,函数与递归(2 人) 4. 画海报,蒙特卡洛方法求 Pi(2 人) 5. 专题研究: (1)Python 画分形图线研究(< =3 人) (2)Python 网络爬虫(< =3 人) (3)Python 大数据处理(< =3 人) (4)Python 语音识别(< =3 人) (5)Python 文字识别(< =3 人) (6)Python 图像识别(< =3 人) (7)microbit 硬件的项目(< =3 人) (8)自己设计的其它项目程序(每组 < =3 人) ……	明确项目任务

	明确分组要求
讲清分组要求 　　自愿结组,海报组每组至少有一名书法或画画好的同学;组员之间分工明确。 　　组员要坐在一起,便于交流。 海报要求: 　　1. 图文并茂; 　　2. 突出主要知识点; 　　3. 有主题显示,落款是组员名字; 　　4. 每组 3 分钟讲解。 专题研究要求: 　　1. 选题要有价值、有意义; 　　2. 程序要调试完成; 　　3. 有设计草图(可以是流程图); 　　4. 自己撰写的代码要在 60% 以上; 　　5. 关键语句有注释; 　　6. 第一行注释写上主题名,及组员名	
观察学生分组情况,对学生选题提出建议,对于重复选题的小组进行调整	分组讨论本组选题,根据老师的建议做好调整
发放项目进度表、提醒学生填写	接收项目进度表并填写
课堂小结	提交项目进度表

课时教学设计(第 2、3、4 课时)

课题	项目实施
课型	新授课□　　　　章/单元复习课□　　　　专题复习课□ 习题/试卷讲评课□　　学科实践活动课☑　　　其他□

1. 教学内容分析

学生以小组为单位开始项目实施,由于选择的项目不同,学生在实施过程中遇到的问题不同。

基本问题有以下几类:

技术性问题,如网络爬虫不会写、有些库不会安装、有些命令不会使用等;

资源问题,找不到相应的资源支持;

合作性问题,找不到合作伙伴;

在画画报过程中没有场地的问题等

2. 学习者分析

学生已经确立了主题,接下来的 3 课时,学生以小组为单位进行项目实施。

学生对于这种分组进行项目实施的形式非常感兴趣,特别愿意进行合作探究,但他们也有一些畏难情绪,很多同学更愿意选择难度较小的画海报的形式,对于解决较难一些的问题信心不足

3. 学习目标

解决在项目实施过程中遇到的技术问题;

体验项目实施的全过程,提高分析问题、解决问题的能力;

提高具体事物抽象的过程、算法的选择以及程序实现,从而提高计算思维;

提高利用互联网资源进行学习的能力,提高数字化学习与创新

4. 学习重点难点

重点:项目实施与完成

难点:项目实施过程中遇到的技术难题

5. 学习评价设计

学习主动性,在小组内参与讨论的情况,项目实施过程中探究学习的情况,项目完成后小组汇报的情况

6. 学习活动设计

教师活动	学生活动
观察学生在项目实施过程中遇到的问题,进行个别指导,对于共性的问题统一讲解、解决; 为学生介绍互联网上学习资源	开始项目实施; 小组内分工明确; 每次课都有专人记录项目实施进度表
课堂总结	将项目相关文件以及项目实施进度表提交到教师机

课时教学设计(第 5 课时)

课题	项目实施		
课型	新授课□　　　章/单元复习课□　　　专题复习课□ 习题/试卷讲评课□　　学科实践活动课☑　　　其他□		

1. 教学内容分析

本节课以小组为单位进行项目汇报

2. 学习者分析

学生经过 4 次课的项目制作,基本完成了小组项目;

希望展示自己的劳动成果

3. 学习目标

通过汇报自己的项目,达到小组间互相学习、共同提高的目的;

学生在汇报项目的过程中,锻炼思维的逻辑性以及语言表达能力;

通过小组自评、互评,逐渐学会正确评价自己和他人

4. 学习重点难点

重点:项目汇报思路。

难点:如何将项目在 5 分钟之内讲清楚

5. 学习评价设计

见项目评价表

6. 学习活动设计

教师活动	学生活动
安排汇报顺序; 对汇报小组做好简单评价; 组织学生进行自评和互评	认真倾听他人汇报; 做好自评和互评; 记录其他小组值得自己学习的地方
课堂总结	收集同学项目作品,对于有一定水平的作品拟推荐参加相应比赛

"Python 项目作品"评价表

被评价人				
作品主题				
评价项目	作品主题	技术性	小组合作	上交材料齐全
评价标准	作品选题实用，有一定价值	作品体现了一定的技术性	小组分工明确，每人都做了贡献	作品及进度均有，进度填写完整
很好(5分)				
一般(3分)				
不好(1分)				

作品整体评价：